DAS BATTLE-BUCH FÜR PAARE

© 2023 Pattloch Verlag. Ein Imprint der Verlagsgruppe
Droemer Knaur GmbH & Co. KG, München

Die niederländische Originalausgabe erschien
unter dem Titel „Het battle boek voor koppels".

First published by Kosmos Uitgevers, The Netherlands in 2021.

Text © Martijn Derikx
Layout und Design © Joyce Zethof
Übersetzung: Stefanie Schäfer
Satz: Doris Wohofsky
Gesamtherstellung: Printfactory, Istanbul

ISBN 978-3-629-00899-2

5 4 3 2

Martijn Derikx

DAS BATTLE-BUCH FÜR PAARE

99
CHALLENGES

RUND UM SPASS, LIEBE UND BEZIEHUNG

Aus dem Niederländischen
von Stefanie Schäfer

Pattloch

ALL IS FAIR IN LOVE AND WAR

LET THE BATTLES BEGIN!

Vor euch liegt *Das Battle-Buch für Paare*. Ihr steht auf Herausforderungen und Spiele? Dann ist dieses Buch genau das Richtige für euch! Denn wie sein Untertitel schon verrät, hält es 99 Challenges für euch und eure*n Partner*in bereit.

Die Battles machen nicht nur Spaß, sondern ihr lernt euch dabei auch noch besser kennen. Challenge accepted?

Tretet gegeneinander an und tut alles, um eure*n Liebste*n zu schlagen!
Wer hat sowohl Glück in der Liebe als auch im Spiel?

Viel Erfolg, Kraft, Klugheit, Kreativität, Glück und Spaß!
Möge der*die Beste gewinnen!

ANLEITUNG

Ihr könnt mit Challenge 1 beginnen, das Buch aber auch kreuz und quer durchspielen. Ihr wollt von Challenge 50 zu Challenge 35 und von da zu Nummer 74 hüpfen? Warum nicht!

Die Dauer der Challenges ist unterschiedlich. Für manche braucht ihr drei Minuten, andere nehmen 30 Tage in Anspruch.

Um eine*n Gewinner*in zu bestimmen, werden eure Leistungen bewertet. Und wer könnte das besser als der*die eigene Partner*in? Wenn bei der Challenge nicht anders angegeben, beurteilt man seinen Schatz in je drei Kategorien mit Punkten von 1 bis 10. Anschließend zählt man die Punkte zusammen, um auf das Gesamtergebnis zu kommen.

Hat jemand die Anforderungen der Challenge nicht erfüllt? Dann wird er*sie auch entsprechend bewertet.

Die Person mit dem besten Ergebnis gewinnt die Challenge und damit einen Battlepunkt!

Auch in einer polyamoren Beziehung können (fast) alle Challenges gespielt werden. Stellt euch den Aufgaben und bewertet anschließend alle eure Partner*innen!

Wer sammelt die meisten Battlepunkte und ist Gesamtsieger*in? Um ihn*sie zu ermitteln, tragt eure Ergebnisse im Scoreboard hinten im Buch ein.

Ohne Fleiß kein Preis. Aber ihr seid schlechte Verlierer*innen und befürchtet, dass die Bewertung eine Beziehungskrise auslöst? Dann vergebt keine Punkte, sondern habt einfach Spaß mit den 99 ungewöhnlichen Aufgaben.

WAS BRAUCHT IHR?

Zunächst mal eine*n Partner*in natürlich. Sorry, Singles! Aber da es ein Buch für Paare ist, seid ihr vermutlich in einer Beziehung.

Ihr könnt das Buch praktisch sofort nutzen. Es ist darauf ausgelegt, dass ihr spontan loslegen dürft, ohne vorher noch etwas besorgen zu müssen. Meist braucht ihr für die Challenges nichts weiter als Stift und Papier. Oft ist auch ein Smartphone nützlich, als Stoppuhr oder für Videos und Fotos.

Und wenn ihr doch mal Zubehör benötigt? In diesem Fall erhaltet ihr ausreichend Vorbereitungszeit.

SPIELREGELN

Im Krieg und in der Liebe ist alles erlaubt. Aber nicht bei den Challenges in diesem Buch! An ein paar Regeln müsst ihr euch schon halten.

- Schummeln ist strengstens verboten! Erwischt ihr eure*n Partner*in dabei, wird er*sie für die entsprechende Challenge disqualifiziert. Pech, denn damit wurde die Chance auf einen Battlepunkt verspielt!

- Oft ist es ratsam, zunächst mal geheim zu halten, was man plant oder schon erledigt hat, um sein Gegenüber nicht zu beeinflussen und daran zu hindern, die eigene Strategie entsprechend zu ändern.

- Wenn eine Challenge nicht gleichzeitig ausgeführt werden kann, spielt nacheinander. Wer zuerst antritt, kann im Vor- oder Nachteil sein, deswegen lasst das Los entscheiden, wer beginnt.

- Bei manchen Challenges ist es möglich, dass beide Partner*innen gleich viele Punkte erzielen. In dem Fall gibt es nicht eine*n, sondern zwei Gewinner*innen! Jede*r erhält dann einen Battlepunkt.

- Eine*r von euch möchte bei einer Challenge, warum auch immer, absolut nicht mitmachen? Dann darf man passen. Der Battlepunkt geht dann allerdings an die andere Person.

LOVE AT FIRST BATTLE

#1 BE A HERO!

Jede*r könnte ab und zu die Hilfe von Superheld*innen gebrauchen. Wie cool wäre es, wenn ausgerechnet ihr den Tag des*der Liebsten rettet?

Stell dir vor, du wärst der*die persönliche Superheld*in deines Schatzes.

* Welche Superkraft bräuchtest du, um dem*der anderen immer wieder aus der Bredouille zu helfen?
* Und wie lautet dein Superheld*innen-Name?

Ihr habt drei Minuten, um die Antworten zu formulieren. Okay, das ist nicht viel, aber als Superheld*in muss man in Notsituationen schnell reagieren können.

Nachdem ihr eure Antworten ausgetauscht habt, gebt euch gegenseitig Punkte für die folgenden drei Kategorien:

● Wie sehr brauchst du diese*n Held*in – mit zugehöriger Superkraft – in deinem Leben?
● Wie viele Punkte gibst du der anderen Person für den erdachten Namen?
● Wie überraschend und kreativ findest du die Antworten?

Kurzum: Wer ist der*die Held*in dieser Challenge?

GEWINNER*IN   DATUM

#2

EIN LIEBESLIED

Gefühle sind ein dankbares Thema für Musiker*innen, und das meistbesungene Gefühl ist? Natürlich die Liebe!

Doch welcher der unzähligen Songs beschreibt die Liebe für deine*n Partner*in am besten? Suche nach genau dem (existierenden) Stück, das deine Gefühle für ihn*sie am passendsten in Worte und Melodien fasst.

Ihr habt 24 Stunden, um die Songs auszuwählen. Am nächsten Tag spielt ihr sie euch gegenseitig vor und erklärt, warum ihr euch ausgerechnet für diese Stücke entschieden habt.

Anschließend gebt ihr euch Punkte für folgende Kriterien:

- Wie passend findest du den Song für eure Beziehung?
- In welchem Maß spricht dich der Text an?
- Wie viele Punkte gibst du für die Gründe, aus denen dieses Lied ausgewählt wurde?

Wer hat mit seinem*ihrem Liebeslied die richtige Saite zum Schwingen gebracht?

GEWINNER*IN   DATUM

#3

KLEIDER MACHEN LEUTE

Ihr seid zu einem romantischen Date in einem Restaurant verabredet. Welches Outfit wünscht ihr euch für die andere Person?

Stellt (online) ein komplettes neues Outfit für euren Schatz zusammen, einschließlich Schuhe und eventuell Accessoires. Sucht in den Webshops eurer Wahl etwas aus, das jedoch insgesamt den Wert von 200 Euro nicht überschreiten darf. Lasst euch etwas einfallen, es darf durchaus unkonventionell sein!

ACHTUNG!
Nur gucken und aussuchen, nicht kaufen!

Ihr habt eine Stunde Zeit, um ein Outfit zusammenzustellen.

Fertig mit Shoppen? Präsentiert euch gegenseitig euer Styling und beurteilt das Dating-Outfit nach folgenden Maßstäben:

- Wie viele Punkte gibst du für den gesamten Look?
- Wie gerne würdest du das ausgewählte Outfit tragen?
- Inwiefern unterscheidet es sich von dem, was du bereits an Kleidung besitzt und trägst?

Kleider machen Leute, aber welche bringen hier den Sieg?

GEWINNER*IN

DATUM

#4 BIS ZUM MOND UND WIEDER ZURÜCK ...

Ein indischer Schah ließ einst zu Ehren seiner Frau den Taj Mahal errichten. Auch ihr beweist eure Liebe, indem ihr ein Bauwerk erschafft. Vielleicht nicht ganz so kunstvoll wie der Taj Mahal: Bei euch kommt es nur auf die Höhe an!

Ihr baut einen Turm, aber um die Sache etwas komplizierter zu machen, dürft ihr nur Gegenstände aus dem Haus benutzen, in dem ihr euch gerade befindet. Noch dazu müssen sie alle mit einem Vokal beginnen (A, E, I, O oder U), und jeder Gegenstand darf euren Turm um maximal 30 Zentimeter erhöhen.

Ihr baut beide gleichzeitig. Wurde ein Gegenstand bereits von dem*der anderen Spieler*in beansprucht? Wegnehmen führt zu Disqualifikation. Auf das Umstoßen eines Turms – ob versehentlich oder nicht – steht dieselbe Strafe.

Es dauerte etwa 16 Jahre, bis der Taj Mahal fertiggestellt war. Ihr habt leider nur insgesamt fünf Minuten, sowohl für das Sammeln der Gegenstände als auch für das Bauen.

Die Zeit ist um? Dann könnt ihr ganz leicht nachmessen, wer diese Challenge gewinnt!

Kurz gesagt: Wer hat den größten?

GEWINNER*IN   DATUM

#5

WENN IHR ZAUBERN KÖNNTET ...

... dann würdet ihr natürlich dafür sorgen, dass dieser Battlepunkt einfach so — Hokuspokus! — auf euer Konto ginge! Doch so einfach ist es nicht ...

Du brauchst schon etwas Geschicklichkeit dafür. Suche dir einen Zaubertrick aus (den du noch nie zuvor durchgeführt hast), von dem du glaubst, dass er deine*n Liebste*n bezaubern könnte. Schau im Internet oder in einem Zauberbuch nach und perfektioniere dann deine magischen Künste!

Ihr habt zwei Tage, um den Zaubertrick – heimlich – zu üben.

Anschließend führt ihr euch gegenseitig eure Nummern vor, als müsstet ihr das Publikum in einem Zirkuszelt begeistern. Natürlich vergebt ihr anschließend wieder Punkte, und zwar für die folgenden Kategorien:

- Wie schwierig ist es deiner Meinung nach, den Trick deines Gegenübers zu lernen?
- Wie viele Punkte gibst du für die Show?
- Magier*innen betrügen: Hast du durchschaut, wie der Trick des* der anderen funktioniert? *(Ja = 0, Nein = + 5 Punkte)*

Wer hat wen bezaubert, und wer wurde durchschaut?

GEWINNER*IN   DATUM

#6 SURPRISE, SURPRISE!

Man soll das Leben feiern, aber die (fiktiven) Girlanden für eure*n Liebste*n müsst ihr schon selbst aufhängen!

Um eure Liebe zu feiern, plant ihr eine fiktive, aber dennoch epische Überraschungsparty für den*die andere*n.

Schreibt ein kleines Drehbuch, in dem ihr wichtige Dinge wie Veranstaltungsort, Catering, Getränke, Motto und Musik festlegt.

Das Fest dauert von 19:00 Uhr bis 01:00 Uhr (werden die Gäste auch nach Hause gebracht?!). Ansonsten habt ihr freie Hand! Da die Party fiktiv ist, spielt Geld ausnahmsweise keine Rolle.

Ihr habt zehn Minuten, um diese unvergessliche Überraschungsparty zu planen.

Die Zeit ist um? Dann erzählt euch gegenseitig von euren Plänen. Danach gibt es Partypunkte für die folgenden Kriterien:

- Wie viele Punkte erhält das Fest insgesamt?
- Wie viele Punkte vergibst du für die Aktivitäten und die Musik?
- Und da es eine Überraschungsparty ist: Wie sehr hat dich das Setting erstaunt?

Wer ist der*die beste (fiktive) Partyplaner*in?

GEWINNER*IN   DATUM

IT TAKES TWO TO BATTLE

#7

Es wird häufig geraten, man solle öfter auch mal Nein sagen ...

JA, NEIN, JA, ÄH ... NEIN.

... doch bei dieser Challenge dürft ihr das auf keinen Fall tun! Ihr dürft allerdings auch nicht Ja sagen, denn die Aufgabe lautet ganz einfach (und zugleich kompliziert): Wer schafft es am längsten, weder Ja noch Nein zu sagen?

Es zählen dabei übrigens nur die Gespräche zwischen euch beiden.

Diese Challenge kann sich sehr lange hinziehen, vielleicht ist sie aber auch im Nu vorbei. Seid ihr bereit? Dann geht es sofort los!

Wer sagt als Erstes die Wörter Ja oder Nein? Pech, denn diese Person verliert. Das bedeutet, dass sich der*die andere einen Battlepunkt gutschreiben darf!

Der Unterschied zwischen Sieg oder Niederlage? Nur ein paar Buchstaben!

GEWINNER*IN   DATUM

#8

VERLIEBT, VERLOBT, VERHEIRATET

Egal, ob ihr verlobt, schon verheiratet oder einfach nur verliebt seid: Läutet die Hochzeitsglocken, denn ihr werdet den schönsten Teil der Zeremonie (noch einmal) erleben.

Der intimste Teil einer Hochzeitszeremonie ist – neben dem Jawort – das Aussprechen der Ehegelübde. Auch ihr sollt in Worte fassen, warum ihr den*die andere*n so sehr liebt und wie ihr euch eure gemeinsame Zukunft vorstellt. Bei dieser Challenge sprecht ihr euer Gelöbnis ohne Zeug*innen aus, wodurch es vielleicht sogar noch mehr von Herzen kommt.

Da ihr die Aufgabe nicht ganz so ernst nehmen müsst wie einen richtigen Hochzeitstag, habt ihr auch nur eine Stunde Zeit, um euer Gelübde zu Papier zu bringen.

Nach Ablauf der Zeit schafft ihr mit Kerzen eine romantische Atmosphäre und lest euch eure Gelöbnisse gegenseitig vor. Anschließend gebt ihr eurem*eurer Partner*in Punkte nach folgenden Kategorien:

- Wie romantisch war das Gelöbnis?
- Wie sehr hat dich dein*e Partner*in gerührt?
- Und wie sehr wurdest du überrascht?

Wer hat seine*ihre Liebe am besten in Worte gefasst?

GEWINNER*IN   DATUM

#9

DRAW ME

Habt ihr den Film *Titanic* gesehen? Dann könnt ihr euch bestimmt noch gut an die Szene erinnern, in der Jack auf Bitten von Rose ein Porträt von ihr zeichnet.

Und das macht ihr auch. Allerdings nicht auf einem Schiff, das dazu verdammt ist zu sinken, sondern in der gewohnten Umgebung eures Zuhauses. Ihr seid abwechselnd Künstler*in und Modell. Nimm als Modell eine coole Pose ein, denn auch fürs Stillsitzen und Schönsein kannst du dir Punkte verdienen!

Ihr habt jede*r zehn Minuten Zeit für euer Porträt.

Erst wenn ihr beide Modell gestanden oder gesessen habt, dürft ihr euch die Zeichnung des*der anderen ansehen. Beurteilt sie nach folgenden Kriterien:

- Wie gefällt dir die Zeichnung?
- Wie viel Ähnlichkeit hat sie mit dir?
- Wie viele Punkte gibst du deinem*deiner Partner*in für das Modellsitzen?

Wer ist der*die König*in der Welt und verdient einen Battlepunkt?

GEWINNER*IN   DATUM

#10 IT TAKES TATTOO

Ein Tattoo lässt man sich oft stechen, um seine Liebe füreinander zu besiegeln. Also, worauf wartet ihr noch?

Ihr entwerft für eure*n Partner*in ein einzigartiges Liebes-Tattoo. Nicht auf der Haut, sondern einfach mit Kuli oder Bleistift auf einem Blatt Papier. Körperteil und Format bestimmst du. Und neben einem hübschen Design ist natürlich auch die Story dahinter wichtig.

Ebenso wie eure Liebe halten Tätowierungen ewig. Dennoch habt ihr für den Entwurf nur 15 Minuten Zeit. Gebt euch also richtig Mühe!

Beurteilt eure Kreationen und vergebt Punkte nach folgenden Maßstäben:

- Wie gelungen findest du das Tattoo?
- Wie kreativ ist das Design?
- Und wie einfallsreich ist die Story dahinter?

BONUS
Lässt du dir den Entwurf deines*deiner Liebsten tatsächlich auf dem Körper tätowieren? Dann hast du dir natürlich einen Bonus-Battlepunkt verdient!

Wer gewinnt einen Battlepunkt als Tattoo-Designer*in?

GEWINNER*IN   **DATUM**

WINNERS
TAKE ALL

#11

YOU PUZZLE ME

Euer Schatz sollte euch natürlich kein Rätsel sein, aber habt ihr es drauf, andere Rätsel zu lösen?

Das lässt sich schnell herausfinden, denn ihr sollt ein Sudoku ausfüllen! Ihr kennt das: ein Zahlenrätsel, das aus neun Quadraten von je 3 × 3 Kästchen besteht.

In jedes der Kästchen gehört eine Zahl von 1 bis 9, aber in jeder Reihe, jeder Spalte und jedem der Quadrate dürfen die Zahlen 1 bis 9 nur einmal vorkommen.

Zeichnet beide ein Sudokufeld auf ein Blatt Papier. Sucht online ein Sudoku heraus und schreibt es ab (oder druckt es zweimal aus). Anschließend versucht ihr gleichzeitig, es zu lösen.

TIPP
Die Lösung kann ganz schön schwierig sein und deswegen länger dauern. Überlegt euch daher im Voraus, welchen Schwierigkeitsgrad ihr wählen wollt.

Stifte bereit? Auf die Plätze, fertig, los!

Hast du das Sudoku als Erste*r richtig gelöst? Dann bist du der*die Gewinner*in!

Wer hat sich einen Battlepunkt errätselt?

GEWINNER*IN

DATUM

#12 RAUS AUS DEM ALLTAGSTROTT!

Wenn man als Paar immer dasselbe macht, verfällt man schnell in langweilige Routinen. Sagt mal ehrlich, wie oft unternehmt ihr gemeinsam etwas, was ihr noch nie zuvor getan habt?

Indem ihr als Paar Neues testet, tragt ihr zu einer stabilen Beziehung bei. Was würdet ihr gerne mal zusammen unternehmen, was würde euch mit der anderen Person Spaß machen, oder was wolltet ihr immer schon einmal ausprobieren? Werdet aktiv und brecht aus dem Alltagstrott aus!

Sucht euch ein Wochenende und blockt darin genug Zeit für zwei neue Aktivitäten. Jede*r von euch bereitet eine Idee vor, hält sie aber bis zum Schluss geheim.

Habt ihr beide Unternehmungen durchgeführt? Inzwischen kennt ihr das ja schon: Gebt euch Punkte in folgenden Kategorien:

- Wie ungewöhnlich war euer Ausflug ins Unbekannte im Vergleich zu dem, was ihr sonst so macht?
- Wie hat es dir gefallen, und wie gerne möchtest du es noch einmal wiederholen?
- Wie sehr warst du überrascht von dem, was sich dein*e Partner*in ausgedacht hat?

So, jetzt seid ihr mal für eine Runde aus dem Hamsterrad ausgestiegen! Aber wer gewinnt den Battlepunkt?

GEWINNER*IN   DATUM

#13

WIN-WIN-WIN-SITUATION

Manchmal scheint das ganze Leben ein Wettkampf zu sein – und dieses Buch ist keine Ausnahme. Aber es gibt (fast) immer die Chance zu gewinnen, auch bei dieser Challenge!

Ständig geht es im Leben um Gewinnen oder Verlieren, ob bei sportlichen Wettkämpfen, Glücksspielen oder den zahllosen Gewinnspielen von Unternehmen, bei denen man (manchmal) sogar tolle Preise erhält. Euer Ziel ist es diesmal, so viele von diesen Preisen zu ergattern, wie ihr nur könnt. Wer gewinnt die meisten?

In den kommenden sieben Tagen nehmt ihr an so vielen Wettbewerben und Gewinnspielen teil wie möglich (Challenges aus dem Buch zählen nicht!), aber erst in einem Monat zieht ihr Bilanz.

Sowohl bei Gewinnspielen als auch im Lotto muss man nämlich ein wenig Geduld haben, bis man das Ergebnis erfährt, und dementsprechend dauert es auch eine Weile, bevor die Preisverleihung dieser Challenge stattfinden kann. Der*die Sieger*in erhält den vielleicht schönsten Preis: den Battlepunkt!

* Steht es unentschieden? Dann gewinnt die Person mit dem wertvollsten Preis die Challenge.
* Sind eure Preise ähnlich wertvoll? Dann zählt, wer an den meisten Gewinnspielen oder Wettkämpfen teilgenommen hat (Vergesst also nicht, das festzuhalten!).

Diesmal heißt es: Wer gewinnt, gewinnt!

GEWINNER*IN   DATUM

#14

ETWAS LIEBES FÜR EURE LIEBSTEN

Was ist etwas Liebes? Das ist relativ ... und daher für jede*n anders. Es können Worte, Taten oder Geschenke sein. Reichlich Möglichkeiten also!

Diese Challenge ist äußerst simpel: Tue etwas Liebes für deine*n Liebste*n. Lass deiner Kreativität freien Lauf, denk dir etwas Schönes aus und überrasche deinen Schatz irgendwann im Laufe der nächsten Woche. Der richtige Moment für deine Geste zählt auch.

Überleg dir etwas Ungewöhnliches, das aber auf jeden Fall ganz oben auf der „Ach, ist das lieb!"-Skala des*der anderen steht.

Ihr habt eine Woche, um euch etwas auszudenken und in die Tat umzusetzen.

Am Ende dieser Woche beurteilt ihr die Überraschung, die ihr erhalten habt, nach folgenden Kriterien:

- Wie lieb fandest du sie auf einer Skala von 1 bis 10?
- Wie kreativ war dein*e Partner*in?
- Wie sehr hat er*sie dich überrascht?

Wer hatte die liebste Idee?

GEWINNER*IN   DATUM

#15 AUF EIN NEUES

Ihr habt zusammen schon viele schöne Erlebnisse geteilt. Die Erinnerung daran macht Freude; aber diese Momente zu wiederholen ist der Wahnsinn!

Ihr wählt beide einen (gemeinsamen) Moment, den ihr gern noch einmal erleben wollt, allerdings in eurer eigenen Umgebung. Schließlich ist die Wahrscheinlichkeit groß, dass man enttäuscht wird, wenn man an denselben Ort zurückkehrt und genau dieselbe Erfahrung erwartet. Das Abendessen auf der Spitze des Eiffelturms zum Beispiel lässt sich vermutlich nicht so einfach reproduzieren. Aber wie kann man die Atmosphäre von damals dennoch so gut wie möglich heraufbeschwören?

Seid kreativ! Musik, Leckereien, Aktivitäten, etwas, was ihr damals gesagt habt: Romantik muss nichts kosten. Sprecht natürlich während des Erlebnisses an, warum es für euch eine so wichtige und schöne Erinnerung ist.

Nehmt euren Terminkalender zur Hand und blockt zwei halbe Tage für euch und die Wiederholung eurer besonderen Momente. Bis dahin dürft ihr eure Vorbereitungen treffen.

Habt ihr beide Erinnerungen wiederbelebt? Bewertet euch anschließend gegenseitig in den folgenden Kategorien:

- Inwieweit hat dich diese Erfahrung an den ursprünglichen Moment erinnert?
- Wie kreativ ist dein*e Partner*in bei der Umsetzung gewesen?
- Wie viele Punkte vergibst du für die gezeigte Motivation und den Grund, aus dem speziell diese Erinnerung ausgewählt wurde?

Erinnerungen sind unbezahlbar, aber wer wird hier mit einem Battlepunkt belohnt?

GEWINNER*IN   DATUM

#16

EIN UNMOTIVATIONS-SCHREIBEN

Ein Motivationsschreiben dient normalerweise dazu zu erklären, warum man unbedingt eine bestimmte Stelle haben will. Aber für welche Art der Hausarbeit könnt ihr keinerlei Motivation aufbringen?

Natürlich macht Hausarbeit nicht immer Spaß. Wäsche falten, den Müll rausbringen, das Katzenklo saubermachen ... irgendjemand muss es ja tun. Aber welche Aufgabe hasst du ganz besonders?

Ihr verfasst beide ein (Un-)Motivationsschreiben, in dem ihr eurem Schatz erklärt, warum es besser ist, dass gerade ihr eine bestimmte Arbeit nicht mehr übernehmt.

Ihr habt 45 Minuten Zeit, bevor ihr euer Schreiben dem*der anderen aushändigen müsst.

Nachdem ihr eure Briefe gegenseitig gelesen habt, vergebt ihr Punkte nach folgenden Kriterien:

- Wie kreativ ist das Motivationsschreiben deiner Meinung nach?
- Wie gut ist die Argumentation deiner besseren Hälfte?
- Eine echte Bewerbung sollte Professionalität ausstrahlen; wie viele Punkte vergibst du für den Stil?

ACHTUNG!
Der Sieg bei dieser Challenge bedeutet natürlich nicht, dass ihr die verhasste Aufgabe nie wieder übernehmen müsst! Aber vielleicht gewinnt ihr wenigstens einen Battlepunkt.

Wer drückt sich am erfolgreichsten vor der Hausarbeit?

GEWINNER*IN   DATUM

#17

SCHAMESRÖTE

Jede Person hat schon einmal etwas Peinliches erlebt oder getan, woran sie nicht gern erinnert wird. Und vielen treibt schon der Gedanke daran die Schamesröte ins Gesicht.

Ihr wisst natürlich genau, welche Anekdote über eure*n Partner*in ihr besser nicht aus der Versenkung holen solltet. In dieser Challenge ist es aber beabsichtigt, euch gegenseitig in Verlegenheit zu bringen, nämlich indem ihr eine solche peinliche Geschichte über euren Schatz doch noch einmal in den buntesten Farben ausmalt. Das tut ihr – glücklicherweise – nur unter euch.

Ihr habt 20 Minuten, um zu überlegen, für welche peinliche Geschichte sich der*die andere am meisten schämt, und um sie vorzubereiten.

Sind beide Geschichten erzählt? Dann vergebt schnell Punkte für die folgenden Kategorien (um danach hoffentlich nie mehr an den Vorfall denken zu müssen):

- Wie sehr schämst du dich für das Erlebnis?
- Wie unbehaglich hast du dich gefühlt, als dein Schatz davon erzählt hat?
- Ehre, wem Ehre gebührt: Wie gut wurde die Anekdote erzählt?

Wer ist am tiefsten im Erdboden versunken und muss dazu noch auf den Battlepunkt verzichten?

GEWINNER*IN   DATUM

#18

TRAUMHAUS GESUCHT!

Möglicherweise wohnt ihr ja bereits in einem kleinen Schloss, aber wer sagt, dass ihr nicht von einem Palast träumen dürft?

Ihr geht getrennt voneinander online auf die Suche nach einem Traumhaus, das zum Verkauf steht – einem Haus, das euren Wohnwünschen entspricht und von dem ihr glaubt, dass es auch dem*der anderen gefällt.

Dabei haben selbst Traumhäuser natürlich ihre Nachteile, und daher müsst ihr euren Schatz mit allen Mitteln davon überzeugen, dass genau dieses trotz allem euer neues Refugium werden könnte.

Ein Haus gehört zu den größten Anschaffungen des Lebens, deshalb sollte man nichts überstürzen. Dennoch habt ihr für eure Häusersuche nur eine halbe Stunde Zeit.

Anschließend präsentiert ihr euch gegenseitig eure Traumvillen und beurteilt die Wahl eurer besseren Hälfte nach folgenden Kriterien:

- Inwiefern entspricht das ausgesuchte Schlösschen deinen Wohnwünschen?
- Wie viele Punkte vergibst du für die Begründung, dass genau dieses euer Traumhaus ist?
- Wie stehen die Chancen, dass ihr euch so ein Haus in den nächsten fünf Jahren tatsächlich leisten könnt?

Wer erwirbt mit dem ausgewählten Palast zugleich eine königliche Belohnung: einen Battlepunkt?

GEWINNER*IN   DATUM

#19

SCHAU MAL, WAS ICH KANN!

Neues zu lernen macht glücklich. Und wenn man damit Eindruck bei seiner besseren Hälfte schindet, schlägt man gleich zwei Fliegen mit einer Klappe!

In der kommenden Woche werdet ihr – heimlich – etwas Neues lernen. Das kann alles Mögliche sein: Jonglieren oder den Moonwalk auf den Händen nachmachen … Sucht euch etwas aus! Einzige Bedingung: Es muss mit dem Körper ausgeführt werden (mit Leib UND Seele!).

Ihr habt sieben Tage Zeit zum Üben, ohne dass euer Schatz es mitbekommt. In genau einer Woche überrascht ihr ihn dann mit eurer neuen Fähigkeit.

Habt ihr eure Kunststücke vorgeführt? Beurteilt euch anschließend nach folgenden Kriterien:

- Wie schwierig ist das Kunststück?
- Wie gut war die andere Person nach einer Woche Üben?
- Wie überraschend findest du die Wahl genau dieses Kunststücks?

Übung macht den*die Meister*in! Aber wer hat ein Meisterstück vollbracht?

GEWINNER*IN   DATUM

#20

DIE GUTE ALTE KINDER-ZEIT

Wahrscheinlich habt ihr schon viele Fotos von dem*der anderen als Baby, Kleinkind oder Kindergartenkind gesehen. Aber was wisst ihr wirklich von seiner*ihrer Kindheit?

Das findet ihr durch dieses Quiz heraus. Auch dabei steht natürlich wieder ein Battlepunkt auf dem Spiel!

Ihr habt genau sieben Minuten (stellt also einen Timer!), um euch zu den zehn Fragen auf der nächsten Seite Folgendes zu notieren:

* die Antwort, von der ihr glaubt, dass eure bessere Hälfte sie gibt
* eure eigene Antwort

Die Zeit ist um? Dann geht gemeinsam die Antworten durch.

* Hast du die Antwort der anderen Person richtig erraten? Dann erhältst du einen Punkt.
* Hast du deine eigene Antwort nicht aufgeschrieben? Für jede fehlende Antwort erhält dein*e Partner*in einen Punkt.

1. Jedes Kind hat ein Kuscheltier. Wie hieß deines?

2. Wie sah dein Kuscheltier aus?

3. Welches war dein Lieblingsspielzeug?

4. Und was war deine Lieblingsfernsehsendung?

5. Wer war dein*e beste*r Freund*in?

6. Was war dein liebstes Hobby?

7. Warst du mal verknallt? Und wenn ja, in wen?

8. Was konntest du gar nicht leiden?

9. Wer war dein Vorbild?

10. Was wolltest du werden, „wenn du mal groß bist"?

Für wen war diese Challenge ein Kinderspiel?

GEWINNER*IN   DATUM

#21

SCHRECK-LICH LECKER!

Welche Zutat im Essen mögt ihr überhaupt nicht und lasst ihr normalerweise weg? Genauso wie Kinder sich an verschiedene Geschmacksrichtungen gewöhnen müssen, müsst ihr das vielleicht auch ...

Schon wenn man ein Gericht ein klein wenig anders zubereitet, kann das Wunder wirken. Zeigt euch gegenseitig, dass die verhasste Zutat doch gut schmecken kann, indem ihr füreinander kocht und dabei genau diese vertrackte Zutat verarbeitet.

Nehmt eure Terminkalender und sucht euch einen Tag aus, an dem ihr beide Zeit habt, füreinander zu kochen. Die Zubereitungszeit der Gerichte spielt keine Rolle.

Nachdem ihr (hoffentlich) eure Speisen mit Appetit gegessen habt, gebt ihr euch Punkte nach folgenden Maßstäben:

- Wie gerne möchtest du dieses Gericht noch einmal essen?
- Wie kreativ findest du die Wahl gerade dieses Gerichtes?
- Wie groß war der Anteil der betreffenden Zutat in der Speise?

Kurzum: Wer sorgt dafür, dass sich über Geschmack nicht mehr streiten lässt?

GEWINNER*IN   DATUM

CHOOSE YOUR BATTLES

#22

LESECLUB

Einen Film oder eine Serie kann man sich zusammen anschauen, doch Lesen ist eine individuelle Aktivität, die sich nicht so leicht teilen lässt.

Außerdem ist ein Film nach ein, zwei Stunden vorbei, wenn man Glück/Pech hat. Ein Buch zu lesen erfordert oft eine größere Zeitinvestition. Deswegen ist es sinnvoll, sich zu überlegen, ob die Lektüre einem gefallen könnte, bevor man damit beginnt.

Dein*e Partner*in weiß, was du magst, und ist deswegen dafür prädestiniert, dir ein Buch zu empfehlen. Schaffst du es, deinen Schatz von einem Buch zu überzeugen, das dich persönlich angesprochen hat? Wovon handelt es? Und was macht es so gut?

Ihr habt eine Woche Zeit, um eine Buchbesprechung vorzubereiten.

Habt ihr euch eure Tipps gegenseitig vorgestellt? Dann beurteilt diese anschließend nach folgenden Kriterien:

- Wie amüsant war die Buchvorstellung des*der anderen?
- Wie anschaulich wurde die Handlung beschrieben?
- Wie gerne würdest du das Buch nach dieser Präsentation (erneut) lesen?

Wer liest die andere Person wie ein offenes Buch und gewinnt?

GEWINNER*IN   DATUM

#23 OPFER BRINGEN

In einer guten Beziehung ist es ein Geben und Nehmen. Man kann nicht immer nur an sich selbst denken, sondern tut regelmäßig etwas für den*die Liebste*n, was man ansonsten nie getan hätte: Man bringt ein Opfer.

Um diese Challenge zu gewinnen, wirst du genau das tun müssen. Du sollst etwas aus deinem Besitz opfern, indem du es wegwirfst oder verschenkst (und nie mehr zurückbekommst).

Wähle einen Gegenstand, der dir persönlich etwas bedeutet, von dem du aber weißt (oder vermutest), dass dein*e Partner*in sehr erleichtert sein wird, wenn er (endlich) weg ist. Suche etwas aus, was nicht dem Geschmack deines Schatzes entspricht, im Weg steht oder aus einem anderen Grund stört. Nach dieser Challenge befindet sich der Gegenstand also wirklich nicht mehr in deinem Besitz.

Ihr habt eine halbe Stunde Zeit, um euch zu überlegen, welches Opfer ihr bringen wollt.

Wenn beide Gegenstände wirklich für immer und ewig aus eurem Leben verschwunden sind, beurteilt ihr euch nach folgenden Gesichtspunkten:

- Wie froh bist du, dass der Gegenstand, den die andere Person geopfert hat, weg ist?
- Und wie mutig findest du es, dass sie genau diesen Gegenstand ausgewählt hat?
- Wie groß ist deiner Meinung nach die (emotionale) Bedeutung des Opfers für deine*n Partner*in?

Ordnung ist das halbe Leben! Aber wer erhält einen Battlepunkt als Belohnung für sein*ihr Opfer?

GEWINNER*IN   DATUM

#24

BLICK-KONTAKT

Die Augen sind der Spiegel der Seele. Schaut man jemandem vier Minuten lang ununterbrochen in die Augen, entsteht daher eine sehr tiefe Verbindung.

Doch dieses lange Anstarren bringt nicht nur Menschen zusammen, die einander noch nicht kennen, sondern vier Minuten Blickkontakt verstärken auch die Beziehungen zu denjenigen, die ihr bereits kennt. Ihr beide seid natürlich schon sehr eng miteinander, aber vielleicht könnt ihr eure Beziehung ja sogar noch vertiefen.

Versucht, euch so lange wie möglich in die Augen zu schauen!

Setzt euch bequem hin, denn diese Challenge dauert mindestens vier Minuten. Aber mehr ist eben manchmal mehr, und deswegen könnt ihr euch aussuchen, wie lange ihr es versuchen möchtet.

Vorbereitung? Nicht nötig. Macht einfach die Augen auf und fangt an!

Wer zuerst wegschaut, verliert die Challenge.

Wer hat am längsten ein Auge auf den*die andere*n geworfen und damit gewonnen?

GEWINNER*IN   DATUM

#25

WER BLINZELT, VERLIERT!

Ihr könnt die Augen nicht voneinander lassen, das hat die letzte Challenge bewiesen. Euer Schatz ist ja auch eine wahre Augenweide!

Euch ganz tief in die Augen zu schauen hat euch gut gefallen, oder? Ein Grund mehr, es noch einmal zu tun, jetzt aber unter der Bedingung, dass ihr nicht blinzeln dürft.

Ununterbrochener Blickkontakt bedeutet diesmal tatsächlich „ununterbrochen": Wer blinzelt, verliert, wie früher als Kinder.

Ihr starrt euch drei Runden in die Augen.

- Zählt gemeinsam von 10 bis 1, und dann geht's los!
- Wer blinzelt, wegguckt oder etwas sagt, verliert die Runde.
- Wer zweimal gewonnen hat, gewinnt die ganze Challenge!

Auch für diese Challenge braucht ihr keine Vorbereitung. Legt also gleich los!

Wer hat zu oft ein Auge zugedrückt und muss der anderen Person den Battlepunkt überlassen?

GEWINNER*IN   DATUM

#26 WIE IM FILM

Bietet euer Leben Stoff für einen Hollywood-Film (oder einen Bollywood-Film)? Aber natürlich!

Wir alle erleben genügend lustige, aufsehenerregende, gefährliche und vor allem romantische Momente (oder?!), um einen Film damit füllen zu können (ja, manchmal sogar eine Serie mit fünf Staffeln).

Vielleicht hat der Alltagstrott euch blind für das Besondere gemacht, aber dadurch, dass man als Außenstehende*r etwas Abstand hat, erkennt man es bei seiner besseren Hälfte. Deswegen plant ihr, einen Film über eure*n Partner*in zu drehen. Ihr braucht einen Titel, eine Handlung (aufgepasst: Ein guter Film lässt sich in einem Satz zusammenfassen!) und natürlich eine*n Hauptdarsteller*in!

Und ... Action! Ihr habt sieben Minuten, um den Pitch für euren Film vorzubereiten.

Nach der Vorstellung eures Pitchs beurteilt ihr eure Werke nach folgenden Kriterien:

- Wie gefällt dir die Handlung?
- Wie viele Punkte vergibst du für den Titel?
- Wie gefällt dir das Casting für die Hauptrolle?

**Nach dem Pitch liegen zwei Drehbücher auf dem Tisch ...
Kassenschlager oder nicht?**

GEWINNER*IN   DATUM

#27

BEICHTEN

Habt ihr die Challenge Nummer 17 schon gespielt? Dabei habt ihr unangenehme Geschichten über den*die andere*n aus der Versenkung geholt. Aber weiß dein*e Liebste*r schon das Allerpeinlichste über dich?

Schau mal tief in dich hinein. Für welches Vorkommnis schämst du dich so sehr, dass du es am liebsten auf ewig für dich behalten würdest?

In dieser Challenge erzählt ihr diese Anekdoten dennoch eurem Schatz. Denn es gibt wieder einen Punkt zu gewinnen!

Ihr traut euch doch sicher, euch voreinander quasi nackig zu machen? Glücklicherweise gilt: Geteiltes Leid ist halbes Leid.

In den kommenden 20 Minuten überlegt ihr euch, welche peinliche Sache ihr mit der anderen Person teilen möchtet. Während dieser Zeit bereitet ihr eure Beichte so gründlich wie möglich vor.

Habt ihr euch von euren Geständnissen erholt? Dann gebt euch rasch Punkte in den folgenden Kategorien:

- Wie peinlich findest du die Geschichte des*der anderen?
- Wie gut wurde die Anekdote erzählt?
- Kanntest du die Geschichte schon? *(Ja = - 5 Punkte, Nein = + 5 Punkte)*

Kurzum: Wer gewinnt, indem er*sie mit offenen Karten spielt?

GEWINNER*IN

DATUM

NUR EINE*R KANN GEWINNEN!

#28

IST DAS KUNST ODER KANN DAS WEG?

Moderne Kunst wird oft kontrovers diskutiert: Werden zu Recht Millionen für Werke hingeblättert, die aussehen, als hätte ein Kleinkind sie zusammengekleckst?

Wenn es wirklich so ein Kinderspiel ist, moderne Kunst zu erschaffen, gelingt euch vielleicht auch ein Meisterwerk! Also macht euch an die Arbeit, mit Materialien eurer Wahl. Bei euren Kunstwerken zählt allerdings die zugrunde liegende Geschichte, also macht euch vorher Gedanken!

Lasst eurer Kreativität freien Lauf, und zwar schnell. Ihr habt nur zehn Minuten Zeit, so lange ist nämlich die Aufmerksamkeitsspanne eines Kleinkinds.

Wer kreiert das Werk, das euch möglicherweise die Anzahlung für euer Traumhaus verschafft? Beurteilt eure Kunst nach folgenden Maßstäben:

- Wie kreativ und kunstvoll ist das Werk?
- Wie viele Punkte vergibst du für die Symbolik?
- Wie hoch ist deiner Meinung nach die Wahrscheinlichkeit, dass andere glauben, ein*e renommierte*r Künstler*in hätte dieses Werk erschaffen?

Oder besser: Welche Kleckserei wird mit einem Battlepunkt belohnt?

GEWINNER*IN   DATUM

#29

Sagt mal ehrlich: Wer würde buchstäblich am weitesten gehen für einen Battlepunkt?

WER GEHT AM WEITES-TEN?

Das werden wir gleich herausfinden! Ihr versucht, euch innerhalb von zehn Minuten so weit wie möglich von eurem Startpunkt zu entfernen, und zwar auf Schusters Rappen, alle anderen Transportmittel sind verboten. Teilt eure Standorte mit dem Handy, sodass ihr euch gegenseitig im Auge behalten könnt.

Stellt beide den Timer und macht euch gleichzeitig auf den Weg in unterschiedliche Richtungen. Die Zeit ist um? Markiert euren finalen Standort und kehrt zum Start zurück.

Ihr habt exakt zehn Minuten. Fertig? Los!

Gemeinsam berechnet ihr den zurückgelegten Weg. Dabei geht es um die Luftlinie, nicht um die Zahl an Metern. Ihr müsst euch also nicht nur schnell eure Routen ausdenken, sondern auch geschickt und taktisch klug.

Wer zieht für einen Battlepunkt Siebenmeilenstiefel an?

GEWINNER*IN

DATUM

#30
GERÜCHTEKÜCHE

Auch wenn Klatsch und Tratsch als unhöflich gelten, sind wir ihnen gegenüber doch insgeheim nicht abgeneigt.

Deswegen denkt ihr euch ein unterhaltsames, heillos übertriebenes Gerücht über eine Person aus, die ihr beide kennt, zu der ihr aber keine enge Beziehung habt, zum Beispiel die Nachbarin zwei Häuser weiter oder der Supermarktmanager.

Dieses Gerücht präsentiert ihr euch mit einer Moderation wie in einer Fernsehshow.

Nachdem ihr die Person gemeinsam ausgewählt habt, bekommt ihr zehn Minuten, um euch – getrennt voneinander – vorzubereiten.

Die größte Klatschtante gewinnt. Wer das ist, bestimmt ihr, indem ihr euch nach den folgenden Kategorien beurteilt:

- Wie interessant findest du das erfundene Gerücht?
- Wie kreativ ist es?
- Wie viele Punkte vergibst du für die Präsentation?

Kurzum: Wer hat sich die haarsträubendste Geschichte aus den Fingern gesaugt?

GEWINNER*IN   DATUM

#31 EIN POKAL FÜR ALLE

Ein Oscar, ein Nobelpreis, Mitarbeiterin des Monats, bester Hobbybäcker, Schönheitskönigin ... Es gibt jede Menge Preise, Titel, Medaillen, Schleifen und Auszeichnungen zu gewinnen.

Ein Glück, denn Anerkennung wünscht sich jede*r. Welchen Preis hat deiner Meinung nach dein*e Partner*in verdient? Und warum? Du solltest die Preisvergabe sorgfältig begründen, denn schließlich musst du auch die Jury überzeugen.

Ihr habt zehn Minuten Zeit, um einen tatsächlich existierenden Preis für eure bessere Hälfte auszuwählen und die Begründung vorzubereiten.

Nachdem ihr beide euren Preis überreicht habt, beurteilt ihr die andere Person nach folgenden Kriterien:

- Wie bereitwillig würdest du dir den Preis in deine Pokalvitrine oder auf den Kaminsims stellen?
- Wie viele Punkte vergibst du für die Begründung?
- Inwiefern glaubst du, dass du den Preis auch verdient hast?

Punktestand noch nicht ausdiskutiert? Dann macht gleich weiter mit Challenge Nummer 32!

Wer erhält nicht nur den Preis, sondern auch einen Battlepunkt?

GEWINNER*IN   DATUM

#32

WOW, ICH BIN SPRACHLOS!

Bevor ihr mit dieser Challenge loslegen könnt, müsst ihr erst Nummer 31 spielen. Dabei habt ihr euch höchst renommierte Preise verliehen. Nochmals herzlichen Glückwunsch zur Auszeichnung!

Es ist wunderbar, so ins Scheinwerferlicht gerückt zu werden, aber jetzt kommt eure Chance, noch mehr zu glänzen! Denn zu einer Preisverleihung gehören auch Dankesworte. Was willst du sagen? Widmest du den Preis jemandem? Oder möchtest du ein (politisches) Statement loswerden? Das liegt ganz bei dir. Aber aufgepasst:

Du hast – genau wie bei den Oscars – maximal 45 Sekunden Zeit. Danach wirst du von einem Orchester übertönt und von der Bühne geholt.

In der Euphorie fehlen einem manchmal die Worte, oder man vergisst, jemanden zu erwähnen. Deshalb bekommt ihr acht Minuten, um eure Reden vorzubereiten.

Nachdem ihr eure Dankesreden gehalten habt, beurteilt ihr die eures Schatzes:

- Wie sehr hat dich die Rede beeindruckt?
- Wie amüsant war es, ihr zuzuhören?
- Wie sehr hat man gemerkt, dass dein*e Partner*in sich über den Preis gefreut hat?

Wer darf jetzt gleich die nächste Dankesrede halten, diesmal für den Gewinn eines Battlepunktes?

GEWINNER*IN   DATUM

#33

NOTLÜGE FÜR EINEN BATTLEPUNKT

Ehrlichkeit ist eine Zier und auch die Basis für eine gute Beziehung. Doch manchmal verdreht man die Wahrheit ein wenig für ein höheres Ziel ... Etwa für diesen Battlepunkt!

In der kommenden Woche werdet ihr euch gegenseitig ein X für ein U vormachen. Alles nur für den guten Zweck natürlich. Was ihr sagen sollt? Das liegt ganz bei euch. Aber geht strategisch vor: Je größer die Lüge, desto größer die Chance, dass ihr gewinnt. Dafür aber muss die andere Person bis zum Ende der Challenge an eure Lüge glauben! Und noch immer gilt: Lügen haben kurze Beine.

Macht euch ein Kreuzchen im Kalender oder einen Eintrag im Handy: In genau einer Woche beichtet ihr euch gegenseitig eure Flunkereien.

Anschließend beurteilt ihr euch nach folgenden Kriterien:

- Wie unglaubwürdig war die Lüge im Nachhinein?
- Wie leicht konntest du dem*der anderen auf die Schliche kommen, beispielsweise durch Bemerkungen von Kolleg*innen, Freund*innen oder Verwandten?
- Wie viele Tage lang hat man dir ein X für ein U vorgemacht? Zählt die Anzahl der Tage zu den bereits vergebenen Punkten hinzu.

Wer hat knallhart gelogen, wird dafür aber trotzdem mit einem Battlepunkt belohnt?

GEWINNER*IN   DATUM

#34

VERBOTENE WÖRTER

Schon allein, wenn man weder Ja noch Nein sagen darf, kann es schwierig sein, aber wie kompliziert wird es erst, wenn ihr speziell für euch ausgesuchte Wörter nicht aussprechen dürft?

Diesmal werden die verbotenen Wörter von euch ausgewählt. Welche Begriffe darfst du nicht verwenden? Und von welchen Wörtern weißt du, dass dein Schatz sie häufig gebraucht? Gehe strategisch vor, um deine Chance auf den Sieg zu vergrößern.

Das Verbot gilt übrigens nur für Gespräche zwischen euch beiden!

Ihr habt fünf Minuten, um drei verbotene Wörter für eure*n Partner*in auszusuchen. Nachdem ihr sie ausgetauscht habt, fängt die Challenge sofort an.

Das sind die Begriffe, die ihr (vorübergehend) nicht mehr sagen dürft:

NAME

1.

2.

3.

NAME

1.

2.

3.

Sobald eine*r von euch beiden einen verbotenen Begriff benutzt hat, steht der*die Gewinner*in fest.

Wer hat sich verplappert?

GEWINNER*IN   DATUM

#35

DU HÄLTST EINEN VORTRAG ÜBER ...

Schönheit ist vergänglich, deshalb macht Intelligenz auch so attraktiv. Bestimmt könnt ihr noch viel voneinander lernen, also gebt euch gegenseitig Nachhilfe!

Ihr bereitet beide einen Vortrag vor. Zu welchem Thema? Das wählt ihr für den*die andere*n aus. Worüber würdest du gerne mehr wissen? Lass dir von deiner besseren Hälfte etwas darüber erzählen!

Die Vorträge müssen mindestens fünf Minuten dauern, und anschließend dürfen Fragen gestellt werden.

ACHTUNG!
Lernen soll Spaß machen! Gebt euch also auch bei eurer Präsentation Mühe.

Ihr habt genau eine Woche Zeit, um eure Vorträge vorzubereiten.

Nachdem ihr euch gegenseitig etwas Neues beigebracht habt, vergebt ihr Punkte für die folgenden Leistungen:

- Wie informativ war der Vortrag?
- Und wie amüsant war er?
- Wie gut hat dein*e Partner*in auf (faire!) Rückfragen reagiert?

Wer bekommt eine Eins mit Sternchen und einen Battlepunkt?

GEWINNER*IN   DATUM

TO WIN, OR NOT TO WIN, THAT'S THE QUESTION

#36

SCHWAMM DRÜBER

Entschuldigt ihr euch ständig bei dem*der anderen? Oder fällt es euch schwer zuzugeben, wenn ihr im Unrecht wart?

Sich aufrichtig bei dem*der Partner*in zu entschuldigen ist eine gute Sache: Es zeigt, dass ihr zu Selbstkritik fähig seid. Außerdem trägt es zu einer guten Beziehung bei, wenn man vergeben, vergessen und weitermachen kann.

Bestimmt gibt es Themen, über die ihr schon oft geredet habt, auf die ihr aber doch gerne noch ein (letztes) Mal zurückkommen möchtet, um endgültig klarzustellen, dass es euch leidtut und ihr dem*der anderen nichts nachtragt.

Ihr habt einen Tag, um darüber nachzudenken, wofür ihr euch aufrichtig entschuldigen möchtet.

Nachdem ihr es getan habt, beurteilt ihr eure Entschuldigungen nach diesen Kategorien:

- Wie aufrichtig war die Entschuldigung?
- Wie sehr hast du dich darüber gefreut?
- Was hältst du von den Gründen deines Schatzes, die Sache noch einmal zu thematisieren?

Mit einer echten Entschuldigung hat man immer gewonnen, aber wer erhält noch dazu einen Battlepunkt?

GEWINNER*IN

DATUM

#37

EIN LIEBESBRIEF

Jahrhundertelang haben Liebende einander Briefe geschrieben, denn schließlich gab es weder Telefon noch E-Mail oder Social Media. Und außerdem sind Liebesbriefe so unglaublich romantisch!

Wo doch so viele Verliebte im Laufe der Zeit damit Erfolg bei ihren Angebeteten hatten, worauf wartet ihr da noch? Überrascht eure*n Partner*in in der kommenden Woche mit einem handgeschriebenen Liebesbrief.

Sorgt dafür, dass die andere Person den Brief in einem unerwarteten Moment erhält, zum Beispiel indem ihr ihn irgendwo versteckt oder ihn mit der Post schickt.

Irgendwann in der kommenden Woche müsst ihr den Brief schreiben und auf den Weg bringen.

Nach Ablauf der Frist beurteilt ihr den Liebesbrief des*der anderen nach folgenden Kriterien:

- Wie romantisch war der Liebesbrief?
- Wie persönlich war er?
- Wie originell fandest du die Zustellung des Briefes?

Wer hat den schönsten Liebesbrief geschrieben und darf sich auch noch einen Battlepunkt dazuschreiben?

GEWINNER*IN   DATUM

#38

EIN BED-IN

John Lennon und Yoko Ono hielten 1969 in Amsterdam ein sogenanntes Bed-in ab, um sich damit für den Weltfrieden einzusetzen. Auch ihr hüpft ins Bett! Allerdings nicht für den Weltfrieden, sondern für einen Battlepunkt.

Was könnte schöner sein, als gemeinsam Zeit in eurem Liebesnest zu verbringen? John und Yoko hielten es eine Woche durch. Und ihr?

Plant etwas Zeit für euer Bed-in ein, schlüpft unter die Decke und haltet es dort so lange wie möglich aus!

Bereitet euch gut vor: Stellt etwas zu trinken bereit, besorgt Snacks und etwas zur Unterhaltung (wobei euer Schatz natürlich sowieso da ist) und geht vorher noch mal schnell auf die Toilette. Wer von euch (ob mit dem richtigen oder mit dem falschen Bein) zuerst aufsteht, verliert.

Wer gewinnt diesen Battlepunkt wie im Schlaf?

GEWINNER*IN   DATUM

#39 MENSCH, ÄRGERE DICH NICHT!

Liebe und Hass liegen sehr dicht beieinander. Bestimmt gibt es auch in eurer Beziehung Momente, in denen ihr eure bessere Hälfte am liebsten auf den Mond schießen würdet.

Bei dieser Challenge ärgert ihr euch ganz bewusst, zum Beispiel indem ihr euch nervig benehmt oder etwas Dummes sagt.

Legt fest, wann die Challenge beginnen soll. Wählt einen geeigneten Zeitraum dafür, denn es kann ein bisschen dauern!

Wer zuerst die Beherrschung verliert, verliert gleichzeitig diese Challenge und den dazugehörigen Battlepunkt. Auch gereizt „Das habe ich doch gar nicht getan!" zu sagen oder zu seufzen gehört zu den No-Gos.

Wer hat seine*n Partner*in am schnellsten auf die Palme gebracht?

GEWINNER*IN   DATUM

#40

LIEBLINGS-DINGE

Wer ist der Lieblings-mensch deines Schatzes? Zweifellos bist du das natürlich!

Aber weißt du auch, was er*sie ansonsten am liebsten mag? Bei dieser Challenge findet ihr heraus, wer mehr über die Vorlieben des*der anderen weiß.

Stellt euch den Timer: Diesmal habt ihr fünf Minuten, um euch als Antwort auf die zehn Fragen Folgendes zu notieren:

* die Antwort, von der ihr glaubt, dass euer Gegenüber sie geben wird
* eure eigene Antwort

Die Zeit ist um? Dann geht gemeinsam die Antworten durch.

* Hast du die Antwort des*der anderen richtig vorausgesagt? Dann erhältst du einen Punkt.
* Du hast deine eigene Antwort nicht notiert? Für jede fehlende Antwort erhält dein*e Partner*in einen Punkt.

1. Lieblingsfarbe?

2. Lieblingstier?

3. Lieblingszahl?

4. Lieblingsessen?

5. Lieblingsgetränk?

6. Lieblingsort?

7. Lieblingsbuch?

8. Lieblingsfilm?

9. Lieblingslied?

10. Lieblingsfernsehsendung oder -serie?

Wer gewinnt diese Challenge?
Und war das vielleicht sogar euer Lieblingsspiel?

GEWINNER*IN   DATUM

#41

FOTOALBUM

Erinnerungen verblassen leider. Damit euch schöne Momente im Gedächtnis bleiben, müsst ihr sie regelmäßig wecken. Mit Fotos klappt das besonders gut!

Wir machen heutzutage unglaublich viele Fotos, aber Alben legen wir kaum noch an. Und das, obwohl man sie doch immer wieder gerne zur Hand nimmt.

Deswegen werdet ihr beide ein Fotoalbum anlegen. Jedes Album muss eine ungefähr gleich lange Zeitspanne abbilden: beispielsweise einen Urlaub, ein Jahr oder eine andere Phase in eurem Leben.

Überlegt, welche Ereignisse ihr auswählt, um nicht mit zwei Alben dazustehen, die größtenteils die gleichen Fotos enthalten.

In genau einer Woche zeigt ihr euch eure Alben. Ob ihr sie auf Papier oder digital anfertigt, bleibt euch überlassen.

Danach beurteilt ihr eure Alben nach folgenden Kriterien:

- Wie passend illustriert das Album die betreffende Phase?
- Wie sehr trägt es dazu bei, die gemeinsamen Momente noch einmal zu erleben?
- Wie kreativ ist dein*e Partner*in bei der Zusammenstellung des Fotoalbums gewesen?

Spannend, was? War es ein Fotofinish oder gibt es eine*n klare*n Sieger*in?

GEWINNER*IN

DATUM

#42

HAUSHOCH VERLOREN

Okay, ihr beide seid wirklich ein reizendes Paar, aber angenommen, ihr wärt euch nie begegnet?

Es schwimmen so viele Fische im Goldfischteich, doch ihr habt ausgerechnet einander geangelt – das grenzt schon an ein Wunder.

Angenommen, ihr wärt euch nie begegnet, nie aufeinander zugegangen, hättet euch verpasst oder euch anders entschieden ...
Wie würde euer Leben dann aussehen? Erzählt es euch gegenseitig. Schmückt eure Geschichte so detailliert wie möglich aus und begründet eure Vermutungen.

Ihr habt zehn Minuten Zeit, um euch zu überlegen, was ihr sagen wollt.

Habt ihr euch ausgemalt, wie es ohne eure*n Liebste*n wäre? Dann vergebt Punkte für die folgenden Kategorien:

- Wie kreativ findest du die Geschichte der anderen Person?
- Wie viele Punkte vergibst du für die Begründung?
- Wie geliebt und unersetzlich fühlst du dich jetzt?

Ein Glück, dass ihr euch gefunden habt! Aber wer gewinnt und wer hat haushoch verloren?

GEWINNER*IN   DATUM

#43

DATE NIGHT!

Wie oft habt ihr einen Abend nur für euch? Bestimmt nicht so häufig, wie ihr es gerne hättet!

Deshalb organisiert jede*r ein Date für euch beide! Wie ihr den Abend gestaltet, bleibt euch überlassen. Überrascht eure*n Partner*in! Legt aber vorher die Bedingungen fest: Soll die Verabredung zu Hause stattfinden oder wollt ihr lieber ausgehen? Wie viel Geld dürft ihr maximal ausgeben? Denkt daran: Romantik muss nicht teuer sein!

Nehmt eure Kalender und plant zwei Date Nights ein. Werft danach eine Münze, um festzulegen, wer für den ersten Abend verantwortlich ist.

Haben beide Verabredungen stattgefunden? Dann vergebt Punkte, je nachdem wie schön es war:

- Wie romantisch war das Date?
- Wie kreativ war es organisiert?
- In welchem Maß hat dein Schatz dich überrascht?

Okay, ihr Turteltäubchen! Wessen Date ist einen Battlepunkt wert?

GEWINNER*IN   DATUM

#44

ZEITMASCHINE

Vor einigen Jahrzehnten wurde der Walkman populär. Tetris? Kannte damals kein Mensch. Diese Zeit scheint schon eine Ewigkeit her zu sein.

Stellt euch vor, ihr würdet mit einer Zeitmaschine 40 Jahre in die Zukunft reisen. Wie sähe das Leben dann für euch aus? Wo und wie wohnt ihr? Wie steht es um eure Familie? Arbeitet ihr noch, und womit verbringt ihr eure Freizeit?

Malt euch alles so genau wie möglich aus und erklärt die Gründe für eure Zukunftsvisionen.

Ihr habt zehn Minuten, um eure persönlichen, detaillierten Pläne für die Zukunft zu entwerfen und auszuarbeiten.

Nachdem ihr euch von euren Visionen erzählt habt, beurteilt ihr sie nach folgenden Kriterien:

- Wie viele Punkte vergibst du für die Zukunftsvision der anderen Person?
- Und wie viele Punkte für ihre Begründung?
- Wie sehr freust du dich darauf, aufgrund dieser Vision gemeinsam alt zu werden?

Wer hat die schönsten Zukunftspläne?

GEWINNER*IN   **DATUM**

#45

TELEFON-TERROR

Einfach Unbekannte anzurufen und sie dann so lange wie möglich in der Leitung zu halten war das Hobby vieler Kinder, und es ist auch das Ziel dieser Challenge!

Wer von euch kann eine unbekannte Person möglichst lange in ein Gespräch verwickeln?

Sucht für eure*n Partner*in die Telefonnummer einer Institution oder einer Person heraus, die ihr beide nicht persönlich kennt. Niemand geht ans Telefon? Dann wählt eine neue Nummer aus, so lange, bis er*sie jemanden erreicht hat.

Zeiten in der Warteschleife müssen von der Gesprächszeit abgezogen werden. Auch darf keiner von euch der Person am Hörer verraten, warum ihr sie anruft, sonst werdet ihr disqualifiziert.

Ihr habt fünf Minuten, um ein Gespräch vorzubereiten.

Denkt euch ein paar Fragen und Strategien aus, um das Gespräch in die Länge zu ziehen, bleibt aber jederzeit respektvoll.

Wer schafft es, das längste Telefonat zu führen?

GEWINNER*IN   DATUM

#46 ... AUF DER GANZEN WELT

Euer Schatz ist natürlich der liebste, schönste, lustigste, klügste und/oder außergewöhnlichste Mensch auf der ganzen Welt. Doch „die ganze Welt" ist ziemlich schwer greifbar ...

Dagegen werdet ihr etwas tun! Um herauszufinden, wie besonders der*die andere ist, werdet ihr Ländernamen auswendig lernen. Verabredet, wann ihr diese Challenge gerne spielen möchtet: jetzt gleich, in einer Stunde oder nächste Woche, ganz egal.

Könnte euer Geografie-Wissen etwas Auffrischung vertragen? Dann nehmt euch Zeit. Ihr könnt bis zu dem Moment lernen, an dem ihr anfangt.

Seid ihr bereit für diese internationale Challenge? Dann stellt euch den Timer: Ihr habt genau sieben Minuten, um so viele Länder wie möglich aufzuschreiben.

Anschließend kontrolliert ihr gegenseitig eure Antworten. Damit keine Diskussionen aufkommen: Nur die Länder zählen, die als solche von den Vereinten Nationen anerkannt werden.

Wer hat die meisten Länder aufgeschrieben und darf sich einen Battlepunkt auf die Fahnen schreiben?

GEWINNER*IN   DATUM

SCHLECHTE VERLIERER*INNEN KÖNNEN EINEM LEIDTUN

#47

PLAYBACKSHOW

Nicht jede*r wurde als Goldkehlchen geboren. Kein Problem: Fake it till you make it!

Wahrscheinlich habt ihr keinen Plattenvertrag in der Tasche, also überlasst das Singen lieber den echten Stars! Trotzdem betretet ihr die Bühne für eine Mini-Playbackshow – mini, weil es nur zwei Teilnehmer*innen gibt. Da man sich nicht auf den Gesang konzentrieren muss, solltet ihr euch bei der Performance besonders viel Mühe geben.

Wählt gemeinsam einen Tag aus, an dem ihr voreinander auftreten wollt. Dann dürft ihr euch selbst eine*n Interpret*in sowie einen Song aussuchen und bis zur Show proben.

Was für ein Auftritt! Aber wie bei jedem Wettkampf kann es nur eine*n Sieger*in geben. Beurteilt eure Performances deshalb nach den folgenden Kategorien:

- Wie viele Punkte gibst du dem*der anderen für die Auswahl des Songs?
- Wie viele Punkte gibst du für die Performance?
- Und wie viele Punkte erhält das Outfit?

Wer rockt das Haus und gewinnt einen Battlepunkt?

GEWINNER*IN   DATUM

#48

BUH!

Ihr verursacht euch gegenseitig Herzklopfen. Aber schafft ihr es auch, dass dem*der Partner*in fast das Herz stehen bleibt?

In der kommenden Woche werdet ihr euch gegenseitig ordentlich erschrecken. Wer denkt sich die beste Methode aus, um der anderen Person eine Heidenangst einzujagen? Seid kreativ! Es kann eine groß angelegte Aktion sein, aber nicht vergessen: Der Umfang der Vorbereitungen bestimmt nicht das Maß, in dem man sich erschreckt.

Ihr bekommt eine Woche Zeit, um euch gegenseitig einen Schock zu versetzen.

Habt ihr euch wieder ein bisschen erholt? Dann wird es Zeit, den*die andere*n zu beurteilen:

- Sei ehrlich, wie sehr hast du dich erschreckt?
- Wie überraschend war die Aktion von deiner besseren Hälfte?
- Und wie kreativ fandest du die Aktion?

Wer hat dem*der anderen beinahe einen Herzinfarkt verpasst und sich dabei den Gewinn eines Battlepunkts gesichert?

GEWINNER*IN   DATUM

#49

GUTER RAT IST (NICHT) TEUER

Wer steht euch jederzeit mit Rat und Tat zur Seite? Mit wem könnt ihr über wirklich alles reden? Genau, mit eurer liebsten Person! Deswegen seid ihr ja auch zusammen.

Ihr kennt euch durch und durch und wisst alles voneinander (und wenn nicht, helfen die Challenges dabei, euch noch besser kennenzulernen!). Dein*e Partner*in ist daher die ideale Person, um dir bei persönlichen Dilemmas, Fragen, Problemen oder Lebenskrisen zur Seite zu stehen, kurzum bei allem, was dich beschäftigt.

Ihr werdet eine eurer Fragen dem*der anderen vorlegen, sodass eure bessere Hälfte in Ruhe darüber nachdenken und sich eine Antwort überlegen kann, um zu helfen. Denn sagt selbst, zusammen werdet ihr doch mit allem fertig, oder?!

Ihr habt einen Tag Zeit, um eure Fragen zu formulieren und auszutauschen. Den Rest der Woche (also sechs Tage lang) könnt ihr euch einen Ratschlag für eure*n Liebste*n überlegen.

Die Woche ist um? Dann präsentiert euch eure Ratschläge, die ihr so gut wie möglich begründet.

Beurteilt diese nach folgenden Kriterien:

- Inwiefern hat dir der Rat eine neue Perspektive aufgezeigt?
- Wie gut wurde deine Frage beantwortet?
- Wie fundiert ist der Ratschlag?

Der Ratschlag an sich ist natürlich schon ein Hauptgewinn. Aber wer gewinnt dazu noch einen Battlepunkt?

GEWINNER*IN   DATUM

#50 LOVE LETTERS

Die einzig wahren Love Letters?
Das sind natürlich L, O, V und E: Love.

Ihr dokumentiert diese Love Letters, indem ihr draußen so viele Fotos wie möglich von Gegenständen macht, die mit einem der vier Love Letters beginnen. Also Objekte, die mit L, O, V oder E anfangen.

* Pro Foto zählt nur ein Gegenstand. Sind zufällig zwei Laternen auf dem Bild? Oder eine Laterne mit einem Vogel? Dann bekommt ihr trotzdem nur einen Punkt.
* Außerdem kann jeder Gegenstand nur einmal abgelichtet werden. Habt ihr zwei verschiedene Fotos von dem gleichen Objekt aufgenommen (also z. B. Fotos von unterschiedlichen Laternen)? Auch dafür gibt es nur einen Punkt.

* Sonderregel: Schafft ihr es, Fotos zu machen, auf denen alle vier Buchstaben vertreten sind? Dann erhaltet ihr fünf Punkte zusätzlich.

Die Zeit ist um? Dann schickt das letzte Foto direkt an eure*n Partner*in. So könnt ihr sicherstellen, dass nach Ablauf der Zeit keine neuen Bilder mehr aufgenommen werden.

Und jetzt ab nach draußen, denn zum Fotografieren habt ihr genau zehn Minuten!

Ihr seid beide wieder zurück? Dann zeigt euch die aufgenommenen Fotos und zählt gemeinsam die gewonnenen Punkte.

Wer hat die LOVE am besten dokumentiert?

GEWINNER*IN   DATUM

LIFE WITHOUT BATTLE IS LIFE WITHOUT VICTORY

#51

BONNIE & CLYDE ...

**Thelma and Louise, die Panzerknacker oder Bonnie und Clyde ...
Genau wie diese Teams seid auch ihr perfekt aufeinander eingespielt. Aber würdet ihr ebenso eine kriminelle Laufbahn einschlagen?**

Vielleicht lohnt sich das Risiko nicht, aber es macht Spaß, sich das Ganze auszumalen. Deshalb überlegt euch einen Plan, wie ihr irgendetwas im Wert von mindestens einer Million erbeuten könnt. Welche Art von Diebesgut schwebt euch vor und warum? Wie wollt ihr vorgehen? Und wie stellt ihr es an, nicht erwischt zu werden?

Ihr habt eine Viertelstunde, um, getrennt voneinander, einen so detaillierten Plan wie möglich auszuarbeiten.

Die Zeit ist um? Präsentiert euch gegenseitig eure Pläne und beurteilt sie nach folgenden Kategorien:

- Wie viele Punkte bekommt der Plan?
- Wie aufmerksam hat der*die andere an alle Einzelheiten gedacht?
- Für wie wahrscheinlich hältst du die Chance, dass dieser Plan gelingt?

ACHTUNG!
Belasst es bei der Planungsphase, denn eine große Beute schenkt vielleicht für kurze Zeit Freiheit, kann sie euch aber auch kosten.

Wessen Missetat wird dennoch belohnt, und zwar mit einem Battlepunkt?

GEWINNER*IN   DATUM

#52

WER WIRD DENN GLEICH IN DIE LUFT GEHEN!

Streitereien sind der häufigste Grund für Beziehungsprobleme. In Challenge Nummer 39 habt ihr versucht, euch so effektiv wie möglich auf die Palme zu bringen; diesmal räumt ihr alle Reibungspunkte aus.

Nur dann, wenn man anspricht, worüber man sich ärgert, kann das Gegenüber daran etwas ändern. Zahnpastatube nicht zugeschraubt? Dreckige Socken auf dem Boden, statt im Wäschekorb? Leere Packungen im Kühlschrank, nicht im Mülleimer? Das kann einen zur Weißglut bringen!

Heute spielt ihr mit offenen Karten: Über welche Angewohnheit des*der anderen ärgert ihr euch? Ihr dürft jeweils nur eine nennen.

Im kommenden Monat versucht ihr, euch zu bessern! Es dauert durchschnittlich 66 Tage, um sich ein neues Verhalten anzugewöhnen.

Ihr müsst nicht 66 Tage warten, sondern schon nach 30 Tagen gebt ihr euch Punkte nach folgenden Kriterien:

- Wie viele Punkte vergibst du für die Mühe, die sich dein*e Partner*in in den letzten 30 Tagen gegeben hat?
- Wie oft hast du ihn*sie trotzdem bei der ärgerlichen Gewohnheit erwischt? Nullmal? Dann vergibst du zehn Punkte. Für jeden Rückfall ziehst du einen Punkt ab.
- Wie schlimm fändest du es, wenn dein*e Partner*in wieder in sein*ihr altes Muster verfallen würde? (Betrachtet das als Motivation, weiter zu üben!)

Richtiges Verhalten wird belohnt! Wer gewinnt den Battlepunkt?

GEWINNER*IN   DATUM

#53 WER WEISS AM MEISTEN?

Keine Sorge, bei dieser Challenge geht es nicht darum, lange Vorträge zu verfassen, sondern ihr sollt herausfinden, wer spontan das meiste Wissen parat hat!

Wem fallen mehr Begriffe in von euch ausgewählten Kategorien ein? Wer kennt zum Beispiel die meisten Gemüsesorten, niederländischen Provinzen, Automarken etc.?

In der Kategorie „Gemüse" gehören etwa Möhren, Grünkohl und Rosenkohl zu den korrekten Antworten. Aber es gibt noch so viel mehr Gemüsesorten! Insgesamt spielt ihr sechs Runden in sechs unterschiedlichen Kategorien.

* Ihr nennt abwechselnd eure Kategorien. Die jeweils andere Person darf dann als Erste antworten.
* Eine korrekte Antwort bringt einen Punkt. Ihr dürft immer im Wechsel eine Antwort geben.

* Braucht jemand länger als zehn Sekunden für eine Antwort, ist die Antwort falsch oder wurde sie schon einmal genannt? Dann ist für diese Person die Kategorie zu Ende gespielt.
* Der*die andere darf so lange wie möglich weitermachen und Punkte holen.

Ihr habt drei Minuten, um euch je drei Kategorien zu überlegen. Danach fangt ihr sofort an!

Nachdem ihr die sechs Kategorien durchgespielt habt, zählt ihr alle gewonnenen Punkte zusammen. Wer die meisten hat, gewinnt!

Wer wusste am meisten und entscheidet die Challenge für sich?

GEWINNER*IN   DATUM

#54

SCHLAMMSCHLACHT

Bei den Challenges legt ihr euch natürlich immer miteinander an, aber meist nur ganz harmlos und lieb. Damit ist jetzt Schluss!

Zieht euch warm an! Denn jetzt wird es Zeit für eine richtige Schlammschlacht. Ihr steigt miteinander in den Ring und piesackt euch durch ein fieses Wortgefecht, bei dem es jedoch möglichst lustig zugehen soll.

Lasst euch die Chance nicht entgehen! Ihr habt 24 Stunden, um eure Attacke gut vorzubereiten. Diese darf übrigens maximal zwei Minuten dauern.

Kleiner Tipp: Passt auf, dass ihr beide über die Sticheleien lachen könnt. Denn nachdem ihr eure*n Liebste*n durch den Ring getrieben habt, beurteilt er*sie euch:

- Wie lustig waren die Argumente des*der anderen?
- Wie überraschend waren sie?
- Wie viele Punkte gibst du deiner besseren Hälfte für Einsatz und Mut?

Kurzum: Wer ist besser im Sticheln?

GEWINNER*IN   DATUM

#55

SCHWEIGEN IST GOLD

Diese Challenge ist nicht die gesseligste, wird aber zum Glück auch nicht für viele Diskussionen sorgen.

Redet dein*e Partner*in manchmal wie ein Wasserfall? Hält er*sie nicht mal für einen Moment die Klappe? Dann wird dir diese Challenge gefallen!

Oder habt ihr euch nach den vielen gemeinsamen Jahren nichts mehr zu sagen? Dann wird es euch leichtfallen zu punkten, denn ihr sollt versuchen, so lange wie möglich nicht miteinander zu sprechen.

Zum Glück gibt es eine Deadline: Das Schweigen ist nach maximal 24 Stunden vorbei. Begegnet ihr anderen Leuten? Dann könnt ihr mit ihnen natürlich plaudern oder ihre Fragen beantworten.

Bereit? Damit erlegt ihr euch ab sofort gegenseitig das Schweigen auf. Stellt euch den Timer, denn diese Challenge ist nach 24 Stunden beendet.

Reden ist Silber! Wer hat als Erstes das Schweigen gebrochen? Oder gewinnt ihr doch beide Gold und damit jeweils einen Battlepunkt?

Also, wer hat weise geschwiegen?

GEWINNER*IN   DATUM

#56

EMOJIS

Ein Bild sagt mehr als 1.000 Worte. Indem ihr Emojis verwendet, braucht ihr keine Romane mehr zu tippen.

Inzwischen gibt es so viele Emojis, dass man eine Weile suchen muss, bis man das richtige gefunden hat. Doch bei einer so großen Auswahl ist es auch möglich, den Charakter seiner besseren Hälfte vollständig durch Emojis zu beschreiben. Und das werdet ihr tun! Mit bis zu fünf Emojis, um genau zu sein.

Ihr habt fünf Minuten, um (maximal) fünf Emojis zusammenzustellen, die den Charakter der anderen Person widerspiegeln.

Die Zeit ist um? Dann schickt euch gegenseitig eure Auswahl und begründet sie. Anschließend beurteilt ihr euch nach folgenden Kriterien:

- Inwiefern erkennst du dich in den Emojis wieder?
- Wie kreativ findest du die Auswahl deines Schatzes?
- Wie viele Punkte vergibst du für die genannten Gründe?

Wer sagt am meisten ohne Worte und gewinnt den Battlepunkt?

GEWINNER*IN   DATUM

#57

POESIEALBUM

Fällt es euch schwer, die richtigen Worte zu finden, um eure Liebe zu beschreiben? Mit einem schönen Gedicht kann man alles ausdrücken, was von Herzen kommt.

Es gibt Millionen von Liebesgedichten, und ihr macht euch auf die Suche nach genau dem, das eurer Meinung nach am besten zu dem*der anderen passt. Fündig geworden? Überrascht euch gegenseitig und tragt die Gedichte in einem poetischen Moment vor.

In exakt einer Woche beurteilt ihr eure Gedichtauswahl. Du hast bis dahin noch keines gefunden? Schade, denn dann erhält dein*e Partner*in automatisch den Battlepunkt!

Bewertet einander nach folgenden Kategorien:

- Wie viele Punkte gibst du für die Auswahl des Gedichts?
- Was erhält dein*e Partner*in für den Vortrag?
- Wie romantisch war der Moment?

Mit dem Sieg dieser Challenge erhält man kein Poesiealbumsbildchen, sondern einen Punkt!

GEWINNER*IN   DATUM

#58 MEISTER-FÄLSCHUNG

Was hängt bei euch über dem Sofa? Höchstwahrscheinlich kein van Gogh, Rembrandt oder Mondrian. Jedenfalls kein echter ... Aber natürlich gönnt ihr eurem*eurer Liebsten ein Meisterwerk. Warum einen Haufen Geld bezahlen, wenn ihr selbst eines (nach-)machen könnt?

Ihr werdet jeweils ein bekanntes Kunstwerk auf einem Foto nachstellen. Dafür verwendet ihr mindestens drei Gegenstände, die sich in eurem Haushalt befinden. Außerdem ist es natürlich erst dann ein richtiges Meisterstück, wenn ihr mit auf eurem Bild seid!

Ihr habt eine Stunde Zeit, um ein Kunstwerk auszuwählen, nachzustellen und zu fotografieren.

Fertig mit dem Bewundern eurer kreativen Anwandlungen? Dann gebt euch Punkte:

- Wie kreativ findest du die Reproduktion?
- Erkennst du das Original aufgrund des Fotos?
  (Ja = + 5 Punkte, Nein = 0 Punkte)
- Wie sehr ähnelt die Reproduktion dem Original?

Wer von euch ist Meisterfälscher*in und gewinnt einen Punkt?

GEWINNER*IN   DATUM

#59

WILDE JUGEND

Als Teenager*in entwickeln wir uns zu der Person, die wir heute sind. Bis es so weit ist, muss sich unser Umfeld allerdings mit der ungeschliffenen Version unseres zukünftigen Ichs herumschlagen.

Was wisst ihr eigentlich von der wilden Jugend eurer besseren Hälfte? Ein Battlepunkt geht an den*die aufmerksamste*n Zuhörer*in!

Auch diesmal erhaltet ihr wieder sieben Minuten, um euch zu den kommenden zehn Fragen Folgendes zu notieren:

* die Antwort, von der du glaubst, dass dein*e Partner*in sie geben wird
* deine eigene Antwort

Stellt einen Timer und startet gleichzeitig. Die Zeit ist um? Dann geht gemeinsam eure Antworten durch!

* Du hast die Antwort des*der anderen richtig vorausgesagt? Dann erhältst du einen Punkt.
* Du hast deine eigene Antwort nicht aufgeschrieben? Für jede fehlende Antwort erhält dein*e Partner*in automatisch einen Punkt.

1. Was war dein Lieblingsfach auf der weiterführenden Schule?

2. Was war dein Traumberuf?

3. Welche Musik hast du am liebsten gehört?

4. Von wem oder was warst du Fan?

5. Hast du oft Party gemacht? Und wenn ja,
wo bist du regelmäßig hingegangen?

6. Wer war dein*e beste*r Freund*in?

7. In welches Hobby hast du die meiste Zeit investiert?

8. Hattest du einen Spitznamen? Und wenn ja, welchen?

9. Was hast du am meisten gehasst?

10. Was war dein größter Traum?

Wer heimst hier ganz cool einen Battlepunkt ein?

GEWINNER*IN

DATUM

#60

EIN DENKMAL FÜR DICH

Früher wurden berühmte Leute viel öfter als heutzutage durch Statuen, Bauwerke oder Denkmäler geehrt. Aber ihr stellt eure*n Liebste*n doch hoffentlich auf ein Podest?!

Eigenhändig ein Denkmal zu bauen ist zu kompliziert. Zum Glück gibt es zahlreiche Kunstwerke, die bisher weder einer Person noch einem Ereignis oder Moment gewidmet wurden. Die könntest du doch prima für deine*n Partner*in beanspruchen! Welches bekannte Kunstwerk, Denkmal oder Wahrzeichen widmest du deinem Schatz? Und warum?

Ihr habt sieben Minuten, um ein Bauwerk auszuwählen und eure Begründung vorzubereiten.

Nachdem ihr beide eure Auswahl begründet habt, vergebt ihr wieder Punkte:

- Wie sehr freust du dich über die Wahl gerade dieses besonderen Denkmals?
- Wie kreativ und überraschend findest du die Wahl für dieses „Podest"?
- Wie viele Punkte vergibst du für die Begründung?

Wer macht auch sich mit dieser Challenge unsterblich?

GEWINNER*IN   DATUM

#61

IN 80 TAGEN UM DIE WELT

In dem Roman von Jules Verne reist Phileas Fogg in 80 Tagen um die Welt und besucht dabei unter anderem Frankreich, Ägypten, Indien, Japan und die USA.

Angenommen, ihr nehmt euch beide für drei Monate ein Sabbatical und geht auf Weltreise – genauer gesagt auf eine Reise um die Welt in 80 Tagen, denn dadurch bleiben euch noch ein paar Tage zum Packen und Ankommen. Wo soll es für euch hingehen?

Stellt jeweils eine unvergessliche Reise für euch und die andere Person zusammen. Welche Länder wollt ihr besuchen? Wie lange bleibt ihr wo, und was möchtet ihr unternehmen? Denkt daran, eure Auswahl auch zu begründen!

80 Tage sind eine lange Zeit. Dennoch erhaltet ihr für diese Challenge nur 20 Minuten.

Auch hier gilt wieder einmal: Der Weg ist das Ziel. Wenn ihr euch eure Weltreisen präsentiert habt, beurteilt ihr sie anhand der folgenden Maßstäbe:

- Wie viele Punkte gibst du für die Reiseroute?
- Wie viele für das Programm?
- Und wie bewertest du die Begründung der Auswahl?

Wer von euch hat die Reise so perfekt geplant, dass jetzt noch ein Battlepunkt obendrauf kommt?

GEWINNER*IN   DATUM

#62

REINGELEGT!

Lachen ist gesund! Und gemeinsam zu lachen gehört unbedingt zu einer guten Beziehung. Aber macht ihr das eigentlich genug? Heute schon, denn ihr spielt euch gegenseitig Streiche!

Ihr habt eine Woche Zeit, um euch einen Streich auszudenken, ihn vorzubereiten und durchzuführen. Sucht euch einen Moment aus, indem der*die andere am wenigsten damit rechnet, reingelegt zu werden.

Streiche spielen kann man nicht nur am 1. April. Überrasche deine*n Partner*in auf eine ungewöhnliche, aber vor allem lustige Art. In den sozialen Medien gehen Pranks viral. Lass dich von einem inspirieren oder denk dir selbst einen aus. Drehe ein Video davon, sodass ihr später zusammen noch einmal darüber lachen könnt.

In genau einer Woche vergebt ihr Punkte für eure Streiche:

- Wie sehr konntest du (hinterher) über den Scherz lachen?
- Wie gut war der Streich ausgeführt?
- Wie überrascht warst du?

Wer von euch ist ein richtiger Scherzkeks und gewinnt diesen Battlepunkt?

GEWINNER*IN   DATUM

#63

REIM DICH ODER ICH FRESS DICH!

Falls eine*r von euch ein Talent zum Dichten hat, wird diese Challenge ein Kinderspiel!

Ihr denkt euch beide jeweils drei Begriffe aus, zu denen euch so viele Reimwörter wie möglich einfallen.

* Abwechselnd nennt ihr einen Begriff, für den euer Schatz ein Reimwort finden muss.
* Jeder korrekte Reim bringt einen Punkt, und nach jeder Antwort ist wieder der*die andere dran.
* Dauert es länger als zehn Sekunden, bevor man ein Wort nennt, gibt es das genannte Wort nicht oder wurde es schon genannt? Dann ist man raus.
* Die andere Person darf munter weiterreimen und Punkte sammeln.

Ihr habt drei Minuten, um eure drei Begriffe auszuwählen. Danach fangt ihr sofort an zu reimen!

Nachdem alle sechs Begriffe an der Reihe gewesen sind, zählt ihr die gewonnenen Punkte zusammen. Wer die meisten Reimpunkte hat, gewinnt auch diese Challenge.

Wer dichtet sich zum Sieg?

GEWINNER*IN   DATUM

DABEI SEIN IST ALLES!

#64 TED TALK

Zwischen euch gibt es viele Gemeinsamkeiten, aber bestimmt auch so einige Unterschiede. Vermutlich hat eine*r von euch eine Passion oder Vorliebe für etwas – ein Hobby, eine Sportart, eine Fernsehserie oder eine*n Künstler*in –, von dem der*die andere denkt: Warum?!

Jetzt habt ihr die Chance, das „Warum" ausführlich zu erklären, und eure bessere Hälfte muss geduldig eurem Vortrag lauschen! Bei welchem Thema, das euch am Herzen liegt, könntet ihr eure*n Partner*in noch an Wissen bereichern? Gestaltet die Vorlesung so amüsant wie möglich! Vielleicht könnt ihr ihn*sie dazu bringen, eure Passion (endlich) zu verstehen!

Ihr habt genau eine Woche Zeit, um euren TED Talk vorzubereiten. Dieser muss mindestens sieben Minuten dauern. Ihr könnt selbst bestimmen, wie ihr ihn gestalten möchtet.

Nachdem ihr euch von euren Leidenschaften berichtet habt, beurteilt ihr die jeweils andere Präsentation nach folgenden Kriterien:

- Wie amüsant war der Vortrag?
- Wie deutlich hat man die Passion des Gegenübers gespürt?
- Inwiefern hast du dabei auch etwas Neues gelernt?

Wer hat sein Publikum am meisten gefesselt und gewinnt?

GEWINNER*IN   DATUM

#65

XOXO

Drei gewinnt – wisst ihr noch, wie das geht?
Denn genau das spielt ihr jetzt!

Die Chance liegt bei 99,9 Prozent, dass ihr dieses Spiel schon kennt, aber trotzdem noch mal zur Erklärung: Ihr zeichnet auf ein Stück Papier zwei horizontale und zwei vertikale Linien, sodass neun Kästchen entstehen.

* Jede*r sucht sich ein Symbol aus, entweder ein Kreuz oder einen Kreis.
* Dann erobert ihr immer abwechselnd ein Kästchen, indem ihr es mit eurem Symbol markiert.
* Wer zuerst eine Zeile, Spalte oder Diagonale mit demselben Symbol gefüllt hat, gewinnt.

Für dieses Spiel braucht ihr nichts außer Stift und Papier. Ihr erhaltet also auch keine Zeit zur Vorbereitung oder um euch eine Strategie auszudenken: Diese Challenge beginnt sofort!

Ihr spielt dreimal hintereinander; zunächst darf jede*r einmal anfangen. Vielleicht ist nach zwei Spielen schon klar, wer gewonnen hat! Steht es eins zu eins? Dann werft eine Münze, um zu bestimmen, welche Person beim dritten Mal beginnt. Wer zweimal gewonnen hat, ist Gesamtsieger*in!

Wer setzt ein Battlepunkt-Kreuzchen hinter den eigenen Namen und wer eine Null?

GEWINNER*IN   DATUM

#66

SCHNICK, SCHNACK, SCHNUCK

Für die vorherige Challenge brauchtet ihr wenig, für diese rein gar nichts!

Auch dieses Spiel habt ihr bestimmt schon oft gespielt. Ihr sagt „schnick, schnack, schnuck", und auf „schnuck" formt ihr die Hand zu einer Faust (Stein), einer flachen Hand (Papier) oder spreizt zwei Finger zu einem V (Schere).

* Stein macht die Schere stumpf, also gewinnt die Faust gegen die zwei gespreizten Finger.
* Papier wickelt den Stein ein, daher gewinnt die flache Hand gegen die Faust.
* Schere schneidet Papier, daher gewinnen die gespreizten Finger gegen die flache Hand.

Da ihr nichts als euch beide braucht, könnt ihr mit der Challenge direkt loslegen!

Auch diesmal spielt ihr drei Runden. Wer am häufigsten als Sieger*in hervorgeht, gewinnt die Challenge. Ihr streckt bei einer Runde nicht gleichzeitig die Hände aus? Oder ihr wählt beide dasselbe Zeichen? Dann gibt es keine*n Gewinner*in und ihr müsst die Runde wiederholen.

Wer hat sein Gegenüber eingewickelt und darf sich einen Punkt aufschreiben?

GEWINNER*IN   DATUM

#67

THERE'S NO PLACE LIKE HOME

Trautes Heim, Glück allein. Das bedeutet aber nicht, dass es zu Hause nicht noch schöner sein könnte!

Um feststellen zu können, ob das Makeover wirklich eine Verbesserung darstellt, müsst ihr sieben Tage lang mit eurem neuen Interieur leben.

Ihr werdet eure Inneneinrichtung einem Mini-Makeover unterziehen, indem jede*r von euch nur einen Gegenstand umstellt, auswechselt oder wegnimmt, um euer Liebesnest zu verschönern. Ihr wählt denselben Gegenstand? Dann nehmt ihn euch nacheinander vor. Ihr wohnt nicht zusammen? Dann verändert die Wohnhöhle des*der anderen auf die oben genannte Art und Weise.

Nach dieser Woche beurteilt ihr die Veränderung nach den folgenden Kategorien:

- Inwiefern ist das Makeover eine Verbesserung?
- Wie überraschend fandest du die Veränderung?
- Willst du die Veränderung auch nach dieser Challenge aufrechterhalten?
  (Ja = + 5 Punkte, Nein = 0 Punkte)

Wer hat dafür gesorgt, dass es zu Hause noch ein bisschen gemütlicher ist?

GEWINNER*IN   DATUM

#68 DAS EI DES KOLUMBUS

Es gibt zahlreiche Erfindungen, die unser Leben angenehmer oder schöner machen: die Glühlampe, das Auto, *Das Battle-Buch für Paare*, das Internet ... man kann sich kaum eine Welt ohne sie vorstellen.

Aber es gibt nach wie vor viel Neues zu erfinden, um das Leben noch wesentlich besser zu machen – in diesem besonderen Fall: das Leben deines Schatzes. Wecke deinen inneren Daniel Düsentrieb! Welchen Mechanismus könntest du erfinden, um es ihm*ihr ein wenig leichter zu machen?

Ihr habt zehn Minuten Zeit, um euch eine Erfindung auszudenken. Ihr dürft auch eine Skizze zeichnen!

Anschließend erklärt ihr dem*der anderen, was ihr euch ausgedacht habt, welches Problem die Erfindung löst, wie sie aussieht und wie sie funktioniert. Danach verteilt ihr Punkte:

- Wie sehr brauchst du diese Erfindung in deinem Leben?
- Wie viele Punkte gibst du der anderen Person für Kreativität?
- Wie realistisch ist es, dass die Erfindung tatsächlich konstruiert wird?

Heureka! Wer hat mit der Erfindung das Ei des Kolumbus entdeckt?

GEWINNER*IN   **DATUM**

#69

NEUNUND-SECHZIG

Willkommen bei Challenge Nummer 69! Eine besondere Zahl, die Teenager garantiert zum Kichern bringt!

Zu einer solchen sexy Zahl gehört natürlich eine ebensolche Challenge! Wer von euch schreibt die erotischere Geschichte? Das werdet ihr gleich feststellen! Euer Gegenüber wird sich ein Urteil über eure heiße Story bilden, versucht also, ihn*sie damit so richtig auf Touren zu bringen!

Ihr habt 90 Minuten Zeit, um euch eine aufregende Handlung auszudenken und die Geschichte aufzuschreiben.

Ist das Vorspiel vorüber? Dann lest euch gegenseitig möglichst leidenschaftlich eure Geschichten vor. Anschließend verteilt ihr natürlich wieder Punkte:

- Wie viele Punkte gibst du für die Geschichte an sich?
- Wie viele Punkte bekommt der Vortrag?
- Und sag mal ehrlich: Wie rot bist du dabei geworden?

Jetzt wird es Zeit für den Höhepunkt: Welche Geschichte war am verführerischsten?

GEWINNER*IN

DATUM

#70

MIT LIEBE GEMACHT

Heutzutage haben wir es bequem. Im Supermarkt finden wir alle Speisen, die wir uns nur wünschen können — und zwar fix und fertig.

Es erfordert mehr Zeit, aber frisch gekochtes Essen ist doch meistens schmackhafter und gesünder. Für deine*n Partner*in ist natürlich nur das Beste gut genug. Es sollte daher auch kein Problem sein, sich in der Küche tüchtig anzustrengen, um eine selbstgekochte Variante des Fertiggerichts zu zaubern, dass er*sie gerne isst.

Was willst du kochen? Das bleibt dir überlassen! Liebe geht bekanntlich durch den Magen, also suche etwas aus, das dir so viel Liebe wie möglich einbringt.

Überlegt euch ein Datum, an dem ihr beide Zeit habt und (getrennt voneinander) in der Küche wirken könnt. Aber behaltet bis dahin noch für euch, was ihr zubereiten werdet.

Habt ihre eure Kreationen gekostet? Dann verteilt Punkte in den folgenden Kategorien:

- Wie schmackhaft ist die Kreation?
- Wie viel Energie hat dein*e Partner*in in die Zubereitung investiert?
- Wie überraschend findest du seine*ihre Wahl?

Wer hat sich eine Kochmütze und einen Battlepunkt verdient?

GEWINNER*IN   DATUM

#71 AUF ZU NEUEN UFERN!

Viele Paare träumen davon, alle Brücken hinter sich abzubrechen und im Ausland ein neues Leben anzufangen. Ihr auch?

Angenommen, ihr wagt den Sprung ins kalte Wasser und zieht mit Sack und Pack in ein anderes Land: Wie würde das aussehen? Getrennt voneinander schmiedet ihr einen so vollständigen Plan wie möglich. Überlegt euch beispielsweise Folgendes:

* Wohin emigriert ihr?
* Wie verdient ihr das Geld für euren Lebensunterhalt?
* Wo und wie wohnt ihr?
* Gibt es andere praktische Fragen, über die ihr bereits nachgedacht habt?

Seid so spezifisch wie möglich und begründet eure Auswahl. Denkt daran, ihr wollt eure*n Partner*in unbedingt für eure Idee begeistern!

Ihr habt beide 15 Minuten, um eure Vorhaben so detailliert wie möglich auszuarbeiten. Anschließend präsentiert ihr sie euch gegenseitig.

Nachdem ihr eure Auswanderungspläne miteinander geteilt habt, beurteilt ihr euch nach folgenden Kriterien:

● Wie viele Punkte gibst du für den Plan?
● Was vergibst du für die Durchführbarkeit der Ideen?
● Wie sehr bekommst du Lust, aufgrund des Planes die Umzugskisten zu packen?

Wer gewinnt, und wer kann einpacken?

GEWINNER*IN   DATUM

#72

VERMISST!

Alarmstufe rot! Eine euch nahestehende Person wurde entführt: euer Schatz! Da müsst ihr natürlich Vermisstenanzeige erstatten ...

So ein Verbrechen muss unbedingt aufgeklärt werden, aber bevor die Polizei mit der Suche beginnen kann, braucht sie eine genaue Personenbeschreibung.

Schreibt deshalb so viele äußere Merkmale des*der anderen wie möglich auf: Wie sieht er*sie am heutigen Tag aus? Beschreibt die Kleidung, aber auch Kennzeichen wie Haar- oder Augenfarbe, denn dies sind wichtige Informationen. Abschauen gilt nicht! Setzt euch deswegen mit dem Rücken zueinander und passt auf, dass keiner einen Blick auf ein Foto werfen kann.

Ihr habt exakt drei Minuten Zeit.

Die drei Minuten sind um? Dann geht gemeinsam eure Listen durch. Wer hat die meisten richtigen Charakteristika aufgeschrieben?

Wer kennt die andere Person in- und auswendig,
und wen macht die Liebe blind?

GEWINNER*IN   DATUM

#73

KETTENREAKTION

Ein kleines Ereignis kann große Folgen haben; bestimmt habt ihr das auch schon in eurer Partnerschaft erlebt. Aber wer setzt die längste Kettenreaktion in Gang?

Ihr konstruiert beide eine Kettenreaktion. Stellt es euch vor wie eine lange Reihe von aufgestellten Dominosteinen, die einer nach dem anderen umfallen, wenn man den ersten antippt. Bei eurer Kettenreaktion dürft ihr jedoch alles verwenden, was euch sonst noch einfällt: umkippende Bücher, rollende Dosen, drehende Ventilatoren, fahrende Spielzeugautos … oder was auch immer gerade greifbar ist.

Sorgt dafür, dass die Kettenreaktion so lange wie möglich (selbstständig) läuft. Holt alles aus den Schränken, was nicht niet- und nagelfest ist, denn jede zusätzliche Sekunde bringt euch dem Sieg näher.

Verwendet Gegenstände, die ihr schon im Haus habt. Ihr baut und startet nacheinander. Um zu verhindern, dass deine bessere Hälfte praktisch genau den gleichen Parcours baut wie du, verlässt immer die Person, die nicht an der Reihe ist, das Haus (ohne Smartphone, denn Schummeln gilt nicht!).

Als Beweis eurer ablaufenden Kettenreaktion dreht ihr ein Video davon.

Ihr habt beide genau eine Stunde. In dieser Stunde müsst ihr die Objekte sammeln, sie anordnen, die Kettenreaktion filmen und alles wieder wegräumen.

Seid ihr beide an der Reihe gewesen? Dann schaut euch gemeinsam eure Videos an und entscheidet:

Wer kann von sich behaupten: Es läuft und läuft und läuft …

GEWINNER*IN   DATUM

PECH IM SPIEL, GLÜCK IN DER LIEBE

#74 SERENADE

Erinnert ihr euch an die Serenade, die Romeo seiner Julia unter ihrem Balkon darbrachte? Zweifellos einer der romantischsten Liebesbeweise aller Zeiten. Und ihr werdet versuchen, es Romeo gleichzutun.

Ihr habt keinen Balkon? Kein Problem! Eine Serenade kann man auch am Küchentisch abhalten. Nicht jede*r hat eine schöne Stimme, daher zählt besonders der Einsatz. Welchen Song willst du singen?

Um es euch etwas einfacher zu machen, geht natürlich auch Karaoke. Sucht im Internet den Titel des ausgewählten Songs in Kombination mit „Karaoke"; so findet man (fast) immer ein Video mit Musik und Text, an das ihr euch halten könnt.

Ihr habt einen Tag, um euch jeweils einen Song auszusuchen und die Serenade vorzubereiten. Passt auf, dass die andere Person nicht spitzkriegt, was ihr vorträllern wollt!

Ihr habt eure Serenade aufgeführt? Dann beurteilt euch nach folgenden Kriterien:

- Wie viele Punkte vergibst du für die Auswahl des Songs?
- Wie beurteilst du die künstlerische Darbietung der Serenade?
- Wie viele Punkte gibst du für Hingabe und Leidenschaft?

Kurzum: Wer hat in den höchsten Tönen gesungen, und wem bleiben sie jetzt im Halse stecken?

GEWINNER*IN   DATUM

#75

VERLIEREN IST DAS NEUE GEWINNEN

Willkommen bei Challenge 75! Ihr habt jetzt drei Viertel des Buchs gespielt, zumindest wenn ihr das Buch von Anfang an durchgegangen seid. Spielt ihr kreuz und quer? Dann hebt euch diese Challenge auf, bis ihr schon 74 (oder mehr) hinter euch habt.

Obwohl noch alles offen ist, zeichnet sich vielleicht nach so vielen Challenges bereits ein*e Gewinner*in ab. Aber natürlich muss es weiterhin spannend bleiben, deswegen ist diese Challenge dazu gedacht, die Moral der verlierenden Person ein wenig zu heben. Ehrgeizig bis zuletzt, lautet das Motto!

Berechnet euren Punktestand: Wie viele Battlepunkte habt ihr bisher hinter eurem Namen eingetragen?

Liegt eine*r von euch fünf Battlepunkte oder mehr zurück? Herzlichen Glückwunsch, dann gewinnst du jetzt diese Challenge! Hipp, hipp, hurra! Und jetzt wieder auf in den Kampf.

ACHTUNG!
Nichts ist umsonst! Damit du dir den Punkt wirklich gutschreiben kannst, musst du nächste Woche deinen Schatz einladen! Wozu? Das bestimmst du selbst!

Wer hat diesmal durchs Verlieren gewonnen?

GEWINNER*IN   DATUM

#76

WITZ KOMM RAUS

Natürlich sind diese Challenges ernste Angelegenheiten, aber das heißt nicht, dass es nichts zu lachen gibt. Ja, diesmal ist Lachen sogar Pflicht!

Wenn es ums Witzeerzählen geht, denkt ihr vielleicht an den Geburtstag eures Onkels oder einen bierseligen Kneipenabend. Von jetzt an aber auch an diese Challenge. Sucht euch einen Witz aus, verfeinert ihn so, dass er noch lustiger wird, bereitet ihn vor und bringt eure*n Partner*in damit zu schallendem Lachen!

Für die Vorbereitung habt ihr maximal 40 Minuten.

Ausgelacht? Dann beurteilt den Witz des*der anderen nach folgenden Kategorien:

- Wie sehr musstest du über den Witz lachen?
- Wie amüsant wurde der Witz erzählt?
- Kanntest du diesen Witz schon? *(Ja = 0 Punkte, Nein = + 5 Punkte)*

Wer von euch lacht zuletzt und gewinnt einen Battlepunkt?

GEWINNER*IN

DATUM

#77

QUICKIE

Kennt ihr die Fabel vom Hasen und dem Igel? Auf den ersten Blick scheint es auch bei dieser Challenge um Geschwindigkeit zu gehen, aber nur durch eine kluge Strategie und eine Portion Glück könnt ihr sie tatsächlich gewinnen.

Ihr wählt beide jeweils eine Kirche, Moschee, Synagoge, einen Tempel oder ein anderes religiöses Bauwerk in eurer Nähe und versucht jetzt sofort, es so schnell wie möglich zu erreichen. Sucht euer Ziel strategisch geschickt aus und behaltet es vorerst noch für euch.

Den Weg dorthin legt ihr zu Fuß zurück – schlendernd, hüpfend, rennend, das ist euch überlassen. Verwendet ihr aber ein Verkehrsmittel, habt ihr automatisch verloren. Teilt euren Standort mit dem Handy, um euch gegenseitig im Auge zu behalten.

Ziel erreicht? Macht noch schnell ein Selfie (auf dem auch das Bauwerk zu sehen ist) und schickt es sofort an eure*n Liebste*n. Wer als Erstes ein Beweisfoto verschicken konnte, hat gewonnen.

Alles verstanden? Gut, denn die Challenge beginnt JETZT!

Wenn ihr beide wieder zurück seid, ist es Zeit für die Preisverleihung.

Wer ist Hase, wer ist Igel?

GEWINNER*IN   DATUM

OHNE REIBUNG KEIN GLANZ

#78 EINE GUTE TAT

Ihr beide schenkt euch viel Liebe. Aber schenkt ihr auch anderen etwas? Glück ist nämlich am schönsten, wenn man es teilt.

Wo ihr doch schon so viel Nettes füreinander tut, werdet ihr bei dieser Challenge einmal Unbekannte beglücken: ein willkürlicher Akt der Freundlichkeit. Das kann etwas ganz Kleines sein, etwa ein Kompliment oder Hilfe beim Einkäufetragen anbieten … Seid kreativ!

Ihr habt 48 Stunden Zeit, um für eine unbekannte Person etwas Gutes zu tun. Sorgt dafür, dass ihr eure Aktion beweisen könnt!

Nachdem ihr euch über eure Taten ausgetauscht habt, beurteilt ihr sie nach folgenden Kriterien:

- Wie hat dir die gute Tat deines Schatzes gefallen?
- Wie kreativ war die Idee?
- Wie sehr hat sich deiner Meinung nach die unbekannte Person gefreut?

Okay, Robin Hoods! Ihr habt bei dieser Challenge beide gewonnen, denn etwas Gutes zu tun macht glücklich, fördert die Gesundheit und reduziert Stress.

Aber wer gewinnt obendrauf noch diesen Battlepunkt?

GEWINNER*IN   DATUM

#79

WIE BEIM ERSTEN MAL

Oha, ist das lange her! Und trotzdem werden euch bestimmte Ereignisse mit Sicherheit für immer im Gedächtnis bleiben.

Was wisst ihr eigentlich über die ersten Male des*der anderen?

Ihr habt sieben Minuten, um auf die kommenden zehn Fragen hin Folgendes zu notieren:

* die Antwort, von der du glaubst, dass dein*e Partner*in sie gibt
* deine eigene Antwort

Wenn die Zeit um ist, geht ihr gemeinsam eure Antworten durch.

* Hast du die Antwort der anderen Person richtig vorausgesagt? Dann erhältst du einen Punkt.
* Hast du deine eigene Antwort nicht aufgeschrieben? Für jede fehlende Antwort erhält dein*e Partner*in automatisch einen Punkt.

1. Welches war dein erstes Haustier?

2. Was war dein erster (Neben-)Job?

3. Welches war das erste Konzert, das du besucht hast?

4. Von wem oder was warst du erstmals Fan?

5. Wohin bist du das erste Mal ohne deine Eltern
in den Urlaub gefahren?

6. Wer war deine erste Liebe?

7. Von wem hast du den ersten Kuss bekommen?

8. Wie alt warst du beim „ersten Mal"?

9. Mit wem hattest du deine erste feste Beziehung?

10. Wer hat dir zum ersten Mal das Herz gebrochen?

Wer gewinnt diesen Battlepunkt?
Und fühlt sich das immer noch so gut an wie beim ersten Mal?

GEWINNER*IN   DATUM

#80

TOURGUIDES

Was ist das Schönste am Urlaub? Der Tapetenwechsel und neue Entdeckungen. Das macht glücklich!

Aber auch in eurer eigenen Umgebung gibt es bestimmt noch vieles zu erkunden. Arbeite für deine*n Partner*in eine Route aus, die an weniger bekannten, aber durchaus besonderen, interessanten oder schönen Orten vorbeiführt. Wie ein echter Tourguide gibst du natürlich Erklärungen dazu. So wird dein Schatz bald nicht mehr nur in dich verliebt sein, sondern auch in eure Gegend!

Nehmt eure Kalender zur Hand und überlegt euch einen Tag, an dem ihr beide Touren unternehmen könnt. Sorgt dafür, dass ihr gut vorbereitet seid, denn jede Tour muss mindestens eine halbe Stunde dauern.

Nachdem ihr euch gegenseitig herumgeführt habt, vergebt ihr Punkte in folgenden Kategorien:

- Wie sehr hat dich dein*e Liebste*r mit der Führung überrascht?
- Wie viel hast du bei der Tour gelernt?
- Eine Führung muss natürlich auch Spaß machen: Wie viele Punkte vergibst du dafür?
- Und nicht vergessen: Gute Tourguides bekommen Trinkgeld. Hat dein Guide ein Trinkgeld verdient? Das ist einen Zusatzpunkt wert.

Wer hat eine spannende Tour organisiert? Und wer hat den*die andere*n eher zum Gähnen gebracht?

GEWINNER*IN   DATUM

#81

VERBRE-CHEN AUS LEIDEN-SCHAFT

Es ist kein Geheimnis, dass euer Liebling euch etwas gestohlen hat: euer Herz! Auge um Auge, Zahn um Zahn – und deswegen „stehlt" ihr dem*der anderen jetzt auch etwas.

Ihr begebt euch auf die schiefe Bahn und entwendet vorübergehend irgendetwas, das dem*der anderen gehört. Ihr legt gemeinsam einen Tag für den Diebstahl fest, begeht den Raub, und eine Woche später gesteht ihr, auf welche Beute ihr es abgesehen hattet.

Wollt ihr so viele Punkte wie möglich sammeln? Dann sucht euch etwas aus, das der anderen Person besonders wichtig ist und ins Auge fällt. Wenn ihr kein so großes Risiko eingehen wollt, nehmt etwas Unauffälligeres, denn er*sie darf in der kommenden Woche nicht entdecken, was ihr geklaut habt!

Ihr versteckt die Beute eine Woche lang und versucht in dieser Zeit, sie geheim zu halten und gleichzeitig das Diebesgut des*der anderen aufzuspüren!

Habt ihr euch eure Missetaten gebeichtet und die gemopsten Gegenstände ihren rechtmäßigen Besitzer*innen zurückgegeben?

Dann wird es Zeit, euch nach folgenden Kriterien zu beurteilen:
- Wie wichtig ist dir der Gegenstand, den dein Schatz „gestohlen" hat?
- Wie riskant war die Entscheidung für das gestohlene Objekt?
- Hast du deinen Besitz vor dem Ende der Challenge wiedergefunden? *(Nein = + 5 Punkte, Ja = - 5 Punkte)*

Wer gewinnt und stiehlt auch diesen Battlepunkt?

GEWINNER*IN   DATUM

#82

EIN ROMANTISCHES WOCHENENDE

Ein Wochenende zu zweit: Das bedeutet gemeinsame Ausflüge, Entdeckungen, neue Erinnerungen ... Aber vor allem viel Zeit füreinander!

Der Erfolg eines solchen Wochenendes steht und fällt mit einer guten Vorbereitung. Diesmal liegt sie ganz und gar bei euch! In welche Stadt fahrt ihr? Wo übernachtet ihr? Der Ausflug dauert von Donnerstag bis Montag. Was wollt ihr am Urlaubsort unternehmen? Die Reisepläne müssen allerdings realistisch sein.

Ihr habt eine Viertelstunde, um diesen unvergesslichen Ausflug so gut wie möglich vorzubereiten.

Die Zeit ist um? Dann präsentiert euch gegenseitig eure Reisepläne. Danach verteilt ihr für eure Wochenendausflüge Punkte:

- Wie viele Punkte erhält dein*e Partner*in für die Auswahl der Stadt?
- Und wie viele für das Reiseprogramm?
- Wie realistisch schätzt du es auf einer Skala von 1 bis 10 ein, dass ihr diesen Ausflug in den kommenden fünf Jahren unternehmen könnt? *(1 = gar nicht realistisch, 10 = sehr realistisch)*

Wessen Reisepläne führen direkt zu einem Battlepunkt?

GEWINNER*IN   **DATUM**

#83

DAS AUGE ISST NICHT MIT

Liebe geht durch den Magen, glücklicherweise, denn mit dieser Challenge ist kein Schönheitspreis zu gewinnen. Aber ein Battlepunkt!

Das appetitliche Arrangement von Speisen auf dem Teller ist eine wahre Kunst, doch in der sollt ihr euch nicht üben. Im Gegenteil: Ihr kredenzt ein Gericht, bei dessen Anblick euch nicht gerade das Wasser im Mund zusammenläuft. Hier geht es mehr um die inneren Werte, daher muss das Gericht trotzdem schmackhaft sein, wenn ihr gewinnen wollt.

Wählt gemeinsam ein Datum aus, an dem ihr eure Geschmacksknospen (und wirklich nur diese) verwöhnen werdet.

Bereitet füreinander etwas Leckeres, aber Unansehnliches zu (in der Portionsgröße einer Vorspeise). Nach der Verkostung beurteilt ihr eure Kreationen nach folgenden Maßstäben:

- Wie schmackhaft war das Gericht?
- Wie unappetitlich sah es aus?
- Inwiefern hat dich dein*e Partner*in kulinarisch überrascht?

Kurzum: Wer hat am besten mehr Sein als Schein kreiert?

GEWINNER*IN   DATUM

#84

AUSPACKEN

Ein Geschenk zu bekommen ist schön. Aber etwas zu verschenken macht womöglich noch glücklicher. Vor allem, wenn man damit einen Battlepunkt einheimsen kann!

Ihr macht euch auf die Suche nach dem perfekten Geschenk für eure*n Liebste*n. Schon mit einem kleinen Betrag kann man vieles sagen, deswegen beläuft sich das Budget auf maximal zehn Euro. Die Summe, die ihr ausgebt, hat Einfluss auf das Ergebnis, ebenso wie die Idee hinter dem Präsent.

In genau einer Woche tauscht ihr die Geschenke aus.

Alles ausgepackt? Dann schenkt euch jetzt Punkte nach den folgenden Kriterien:

- Wie sehr hast du dich über das Geschenk gefreut?
- Wie viele Punkte vergibst du für die Idee?
- Frage nach: Was hat das Geschenk für dich gekostet? Runde den Betrag ab und ziehe genauso viele Punkte vom Ergebnis ab.

Wer konnte auch mit einer Kleinigkeit Freude schenken?

GEWINNER*IN

DATUM

#85

EINPACKEN

Wie sehr habt ihr euch über die Geschenke der letzten Challenge gefreut? Oder seid ihr ein bisschen enttäuscht? Na ja, ihr wisst ja, einem geschenkten Gaul schaut man nicht ins Maul.

Weil es letztendlich doch um die Geste geht, packt ihr bei dieser Challenge nichts aus, sondern etwas ein! Sucht euch beide ein Produkt aus dem Vorratsschrank aus und wickelt es mit Bändern, Schleifen, Blumen und allem Firlefanz ein. Die Person mit der besten, schönsten, kreativsten und überraschendsten Verpackung gewinnt!

Vielleicht braucht ihr dafür noch ein wenig Material, deswegen habt ihr 24 Stunden Zeit, bevor ihr euch die Päckchen überreicht.

Wickelt ihr nicht nur das Produkt, sondern auch euren Schatz ein? Das stellt sich heraus, nachdem ihr euch nach folgenden Kategorien beurteilt habt:

- Wie schön ist dieses „Geschenk" verpackt?
- Wie sehr hat dich dein*e Partner*in mit diesem Päckchen überrascht?
- Wie viele Punkte vergibst du für die Mühe, die er*sie sich gegeben hat?

Wer gewinnt, und wer kann einpacken?

GEWINNER*IN

DATUM

#86

DIE SCHLANGE

In der Bibel sorgte eine Schlange dafür, dass Eva und Adam eine Frucht vom Baum der Erkenntnis aßen, woraufhin sie das Paradies verloren. Mit der Schlange dieser Challenge kann man dagegen etwas gewinnen: einen Battlepunkt!

Hier geht es jedoch nicht um eine richtige Schlange, sondern eine lange Kette von Wörtern – eine Wortschlange. Eine*r von euch nennt ein Wort, und der*die andere muss daraufhin ein neues Wort finden, das mit dem Endbuchstaben des vorgenannten beginnt.

Um das Ganze etwas komplizierter zu machen, wählt ihr eure Begriffe aus bestimmten Kategorien, die ihr selbst festlegt. Bei „Verkehrsmittel" könnte die Wortschlange zum Beispiel folgendermaßen aussehen: Fahrrad – Dampflok – Kastenwagen ... Ganz leicht, oder?!

* Ihr wählt beide je drei Kategorien. Insgesamt bastelt ihr also sechs Wortschlangen.
* Ihr wechselt euch mit den Kategorien ab. Wer mit einer eigenen Kategorie dran ist, nennt das erste Wort.
* Aber die Sache hat einen Haken: Ihr habt jedes Mal nur zehn Sekunden Zeit, um euch das nächste Wort zu überlegen.
* Wer hat die letzte korrekte Antwort gegeben? Diese Person gewinnt die Wortschlange.

Vorbereitungen? Nicht nötig! Schreibt beide drei Kategorien auf und beginnt mit der Challenge!

Steht es nach sechs gespielten Wortschlangen unentschieden? Dann werft eine Münze, um festzulegen, wer die siebte, entscheidende Kategorie auswählen darf, los geht's!

Wer von euch ist listig wie eine Schlange und entscheidet die Challenge für sich?

GEWINNER*IN   DATUM

#87

LET'S DANCE!

Mit schöner Regelmäßigkeit gibt es zu einem populären Song den einen dazugehörigen Tanz, den jede*r kennt. Der Ententanz, YMCA, Macarena, der Ketchup-Song, Jerusalema ... Kommt also bloß nicht mit der Ausrede, ihr könntet nicht tanzen!

Denn ihr macht Folgendes: Ihr sucht euch einen solchen Hit mit dazugehörigem Tanz aus und schwingt die Hüften! Seid kreativ und haut euren Schatz mit euren Dance Moves um.

Ihr habt eine Woche, um die Choreografie so perfekt wie möglich zu lernen. Und zwar heimlich, denn ihr wollt den*die andere*n ja überraschen.

Let's dance! Führt den Tanz für eure*n Liebste*n auf, natürlich zur passenden Musik. Anschließend beurteilt ihr eure Performances:

- Wie schwierig ist die Choreografie?
- Wie gut war sie ausgeführt?
- Und wie viele Punkte vergibst du für den Enthusiasmus?

Wer bewegt sich wie eine Fee und wer eher wie ein Trampeltier?

GEWINNER*IN   DATUM

#88
RAP BATTLE

Wer von euch hat mehr Street Credibility? Um diesen Battlepunkt zu gewinnen, braucht ihr Swag!

Ihr tretet in einem Rap Battle gegeneinander an und kämpft hart um die Vorherrschaft! Mit welchen Lines lockt ihr eure*n Partner*in aus der Reserve und bringt ihn*sie auf die Palme? Rapper sind bekannt für ihre politisch unkorrekten und mit Schimpfwörtern gespickten Texte. Seid kreativ und fahrt grobes Geschütz auf, um dieses Battle zu gewinnen!

Ihr wählt selbst einen Beat für den richtigen Flow; eure Raps müssen aus mindestens acht Sätzen bestehen. Ihr habt eine Stunde für die Vorbereitung.

Ausgerappt? Beurteilt eure Texte und eure Performances nach folgenden Kriterien:

- Wie kreativ fandest du Wortwahl und Text?
- Wie sehr fühltest du dich von deiner besseren Hälfte auf die Füße getreten? *(1 = gar nicht, 10 = sehr)*
- Wie viele Punkte vergibst du für die Performance?

Wer rappt sich einen Battlepunkt zusammen, und wer breitet lieber den Hoodie des Schweigens über diese Challenge?

GEWINNER*IN   DATUM

ICH KAM, RAPPTE UND SIEGTE!

#89

FREMDSCHÄMEN

Bei den Challenges 17 und 27 habt ihr peinliche Geschichten von früher wieder aufgewärmt, und bestimmt konntet ihr herzlich darüber lachen. Aber noch lustiger ist es, gemeinsam neue — und peinliche — Erinnerungen zu schaffen!

Dafür geht ihr in einen Supermarkt, in ein Einkaufszentrum oder an einen anderen Ort, wo sich viele Unbekannte aufhalten. Denn nur in Gegenwart von weiteren Menschen verspürt man Scham. An dem ausgewählten Ort tut ihr irgendetwas, das Aufmerksamkeit erregt und für das sich euer Schatz fremdschämt. Was? Das bestimmt ihr selbst … Lasst eurer Kreativität freien Lauf!

Plant einen Tag ein, an dem ihr gemeinsam loszieht. Verabredet, wohin ihr geht, damit ihr euch vorbereiten könnt. Während dieses Ausflugs führt ihr eure Aktionen durch.

Wieder zurück? Beurteilt euch gegenseitig nach folgenden Kategorien:

- Wie peinlich fandest du die Aktion des*der anderen?
- Wie sehr hast du dich fremdgeschämt?
- Wie viele Leute waren in der Nähe, die das Ganze sehen und/oder hören konnten? Pro Person erhält dein*e Partner*in einen Punkt (maximal zehn).

Wer kennt keine Scham und gewinnt diese Challenge?

GEWINNER*IN   DATUM

#90

ICH WOLLTE MICH NUR MAL KURZ MELDEN!

Eine fremde Person am Telefon zu halten ist gar nicht so einfach. Aber richtig peinlich wird es erst, wenn man den*die andere*n kennt.

Genau wie in Challenge 45 versucht ihr, ein Telefongespräch künstlich in die Länge zu ziehen. Aber diesmal mit einer Person, die ihr kennt! Dein*e Partner*in sucht unter deinen Verwandten oder Bekannten jemanden aus, mit dem du so ausgedehnt wie möglich plaudern sollst. Und wahrscheinlich trifft er*sie eine strategisch kluge Wahl!

Deshalb habt ihr auch jetzt wieder fünf Minuten Zeit, um das Gespräch zu planen, denn eine gute Vorbereitung ist schon der halbe Anruf.

ACHTUNG!
Wer das Ziel oder den Grund des Anrufs verrät, wird disqualifiziert!

Wer hat am längsten um den heißen Brei herumgeredet?

GEWINNER*IN   DATUM

#91

MINNESÄNGER*IN GESUCHT!

Ob Ode, ob Volkslied, ob lange Ballade, vielleicht auch ein hübsches Sonett? Hol dir den Battlepunkt – ohne wär's schade – , sonst schnappt ihn dein Schatz dir noch weg.

Nach den Challenges 57 und 63 hat euch bestimmt die Lust am Reimen gepackt. Aber das waren nur Aufwärmübungen: Bei dieser Challenge werdet ihr ein romantisches Gedicht für eure*n Partner*in schreiben. Lobt ihn*sie darin in den höchsten Tönen, sodass es eine richtige Ode wird!

Die Form des Gedichts dürft ihr selbst bestimmen, aber denkt daran, dass die Anzahl der Zeilen und das Reimschema dazu passen müssen!

Ihr beide habt 48 Stunden, um ein höchst romantisches Gedicht zu verfassen.

Anschließend tragt ihr eure Ergüsse einander vor und beurteilt sie:

- Wie romantisch ist das Gedicht?
- Wie gut hat es sich gereimt? Bedenke, dass manche Gedichtformen spezifische Reimschemata aufweisen!
- Wie viele Punkte gibst du für die Kreativität?

Wer gewinnt und ist damit schon dichter am Gesamtsieg?

GEWINNER*IN   DATUM

#92

SHAKE, SHAKE, SHAKE, SHAKE IT

Dark and Stormy, Skinny Bitch, Cosmopolitan, Old Fashioned, Bloody Mary, Simple Sour, Virgin Mojito oder doch lieber ein Pornstar Martini ...

Wisst ihr, wie viele verschiedene Cocktails es gibt? Unendlich viele! Sie bestehen aus verschiedenen Zutaten, aber eins haben sie gemeinsam: Allein ihr Name verrät schon viel über den Charakter des Getränks. Welcher Cocktail passt am besten zur Persönlichkeit eurer besseren Hälfte und warum?

Ihr habt zehn Minuten, um einen Cocktail auszusuchen und die dazugehörige Begründung vorzubereiten!

Habt ihr gewählt? Dann gebt euch Punkte nach folgenden Kriterien:

- Inwiefern passt der ausgewählte Cocktail zu dir?
- Wie viele Punkte gibst du für die Begründung?
- Und was erhält dein*e Partner*in für Kreativität?

EXTRA
Ihr habt alle Zutaten im Haus? Dann bereitet die Cocktails füreinander zu und beurteilt auch den Geschmack!

Wer mixt sich bei dieser Challenge einen Battlepunkt zusammen?

GEWINNER*IN   DATUM

#93

DEIN WORT GEGEN MEINES

Ihr nähert euch mit großen Schritten dem Ende des Buchs und habt wahrscheinlich schon viele Challenges gespielt. Hier kommt noch einmal eine Überraschung: ein Buchstabierwettbewerb!

Bei dieser Challenge werdet ihr herausfinden, wer von euch den Duden verschluckt hat, denn ihr werdet Wörter buchstabieren. Ihr wählt welche aus, von denen ihr glaubt, sie korrekt schreiben zu können, während die andere Person vermutlich mit der Orthografie fremdelt. Ihr schreibt die Wörter beide auf einen Zettel, dürft aber euer Smartphone (oder andere Hilfsmittel) nicht verwenden.

Ihr habt jedes Mal höchstens 20 Sekunden, um euch ein Wort auszusuchen, und zwar abwechselnd. Insgesamt wählt jede*r zehn Begriffe aus, also sind es insgesamt 20. Fertig mit Aufschreiben? Dann überprüft gemeinsam die Rechtschreibung.

* Jeder Fehler bringt dir einen Strafpunkt ein.
* Wenn ein Wort mehrere Fehler enthält, bekommt man entsprechend viele Strafpunkte.
* Hast du einen Fehler in einem Wort gemacht, das du selbst vorgeschlagen hast? Dann erhältst du einen zusätzlichen Strafpunkt. Dagegen verfallen Strafpunkte für eventuelle Fehler, die deinem Schatz bei diesem Wort unterlaufen sind.

Wer kann nach diesem Diktat auch einen Battlepunkt aufschreiben?

GEWINNER*IN   DATUM

#94 FOTOMODELL

Angenommen, ihr sucht einen neuen Job – dann wollt ihr mit eurer Bewerbung natürlich Eindruck schinden. Und das tut ihr (unter anderem) mit einem tollen Bewerbungsfoto!

Natürlich möchtest du, dass dein*e Partner*in potenziellen Arbeitgeber*innen gegenüber einen so guten Eindruck wie möglich macht. Deshalb veranstaltet ihr ein Shooting mit dem Ziel, perfekte und professionelle Fotos des*der anderen zu schießen. Ihr verwendet euer Smartphone, und das Resultat muss als Bild auf einem Lebenslauf dienen können.

Ihr habt beide genau zehn Minuten, um die andere Person zu fotografieren, und danach noch einmal fünf Minuten, um ein Foto auszuwählen, zuzuschneiden und zu bearbeiten.

Die Zeit ist um? Erst dann zeigt ihr euch die Fotos und beurteilt sie:

- Wie gut wurdest du auf dem Bild getroffen?
- Findest du das Foto professionell genug?
- Würdest du es tatsächlich verwenden?
  (Ja = + 5 Punkte, Nein = 0 Punkte)

Wer von euch sieht den*die andere*n mit den Augen der Liebe?

GEWINNER*IN   **DATUM**

#95

LIVE, LAUGH, LOVE

Ihr kennt sie alle: die Schildchen mit Sprüchen, Sprichwörtern oder Lebensweisheiten. Oft sind sie lustig, aber in jedem Fall regen sie zum Nachdenken an.

Welche Lebensweisheit oder welchen Spruch deiner besseren Hälfte möchtest du der Welt nicht vorenthalten? Welcher Geistesblitz sollte einem größeren Publikum zugänglich gemacht und auf ein solches Schild gedruckt werden (oder auf ein Holzbrett gebrannt, wie du willst ...)? Aus welcher Äußerung kann manch eine*r noch etwas lernen?

Ihr habt zehn Minuten, um euch zu überlegen, welcher Spruch eures Schatzes auf ein Schild gedruckt werden sollte.

Anschließend teilt ihr euch Auswahl und Begründung mit und beurteilt diese nach folgenden Kriterien:

- Inwiefern findest du, dass der ausgewählte Spruch zu dir passt?
- Wie einzigartig ist der Spruch?
- Wie gut hat dein*e Partner*in die Wahl begründet?

Wer weiß sich jetzt keinen Rat mehr und hat verloren?

GEWINNER*IN   DATUM

#96

ES WAR EINMAL ...

... ein Paar, das bis über beide Ohren verliebt war. Das nicht voneinander lassen konnte und bei dem jeder Kuss magisch war!

Aber es war auch nicht immer alles das reine Zuckerschlecken. Das Paar trat in 99 Challenges gegeneinander an, um dadurch noch länger und glücklicher vereint leben zu können.

Ja, eure Liebe hat etwas von einem Märchen ... und deswegen denkt ihr euch jede*r eines aus und schreibt es auf – ein Märchen, in dem der*die andere die Hauptrolle spielt. Natürlich dürfen eine Moral von der Geschicht' und ein Happy End nicht fehlen! Lasst eurer Fantasie freien Lauf!

Ihr habt eine Stunde Zeit, um das Märchen aufzuschreiben.

Die Zeit ist um? Dann lest eure Märchen vor, und danach verteilt ihr Punkte nach folgenden Maßstäben:

- Wie kreativ und fantasievoll war das Märchen?
- Wie fesselnd hat dein*e Partner*in es vorgetragen?
- Wie klug findest du die Moral von der Geschicht'?

Im Märchen siegt immer das Gute, aber in diesem Fall siegt die Person mit der höchsten Punktzahl.

GEWINNER*IN   DATUM

#97 BÜHNE FREI!

Alle haben irgendein Talent. Konntet ihr eure einzigartige Gabe bisher schon in einer Challenge einsetzen?

Auf der Jagd nach diesem Punkt kommen eure Begabungen jedenfalls zum Zug: Denn dies ist ein Talentwettbewerb! Ihr führt für eure*n Partner*in eine kleine Show auf. Was ihr macht, bestimmt ihr selbst. Ihr könnt ein Instrument spielen, ein Haustier dressieren, einen Striptease wagen oder mit den Ohren wackeln – egal, zeigt euch auf jeden Fall von eurer besten Seite!

Biete eine mitreißende Show und überrasche, amüsiere und beeindrucke deine*n Liebste*n! Das muss doch zu schaffen sein, denn schließlich hast du auch sein*ihr Herz erobert.

ACHTUNG!
Unterhaltung ist angesagt, keine Langeweile!

Plant gemeinsam einen bunten Abend, an dem ihr voreinander auftretet. Die Auftritte müssen mindestens 90 Sekunden dauern.

Wer schafft es, den*die andere*n am besten zu unterhalten? Gebt euch Punkte nach folgenden Kategorien:

- Wie amüsant war der Auftritt?
- Wie überraschend war er?
- Und wie kreativ?

Wessen Stern strahlte am hellsten auf eurer improvisierten Bühne?

GEWINNER*IN   DATUM

#98

TAG DER KOMPLIMENTE

Vermutlich ist heute nicht der Welttag der Komplimente, denn im Kalender der kuriosen Feiertage fällt dieser auf den 1. März. Aber das sollte euch egal sein, denn heute ist euer persönlicher Tag der Komplimente!

Das bedeutet, dass ihr euch beide über den grünen Klee lobt. Natürlich könntet ihr die andere Person mit Aufmerksamkeiten nur so überschütten, aber bei dieser Challenge müsst ihr euch auf eine beschränken!

Ihr habt genau drei Minuten, um diese Challenge und damit euer schönstes Kompliment vorzubereiten.

Genug Süßholz geraspelt? Dann vergebt Punkte nach folgenden Kriterien:

- Wie sehr hat das Kompliment dein Selbstbewusstsein gestärkt?
- Inwiefern war das Kompliment persönlich, spezifisch und einzigartig für dich?
- Wie sehr hattest du das Gefühl, dass das Kompliment ernst gemeint war?

Wer war am charmantesten und gewinnt einen Battlepunkt?

GEWINNER*IN   DATUM

#99

DAS BESTE KOMMT ZUM SCHLUSS

Mithilfe dieses Buchs lernt ihr euch (noch) besser kennen. Wie steht es um eure Kenntnisse jetzt, nachdem ihr bei Challenge Nummer 99 angekommen seid? Dies lässt sich mit einem Quiz überprüfen!

(Übrigens braucht ihr für diese Challenge nicht die 98 anderen durchgespielt zu haben. Ihr verfügt dann allerdings über mehr Vorwissen.)

Auch diesmal erhaltet ihr wieder sieben Minuten Zeit, um auf die kommenden zehn Fragen hin Folgendes zu notieren:

* **die Antwort, von der du glaubst, dass dein Schatz sie gibt**
* **deine eigene Antwort**

Wenn die Zeit um ist, geht ihr gemeinsam eure Antworten durch.

* Hast du die Antwort des*der anderen richtig vorausgesagt? Dann erhältst du einen Punkt!
* Hast du deine eigene Antwort nicht aufgeschrieben? Für jede fehlende Antwort erhält dein*e Partner*in automatisch einen Punkt.

1. Was bewunderst du an der anderen Person?

2. Welchen Körperteil magst du an ihm*ihr am liebsten?

3. Welche ist seine*ihre beste Charaktereigenschaft?

4. Und welche ist die schlechteste?

5. Welche Angewohnheit ärgert dich an dem*der anderen?

6. Wenn du eines an deinem Schatz verändern dürftest, was wäre das?

7. Wann findest du ihn*sie besonders sexy?

8. Worum beneidest du deine*n Partner*in? Worauf bist du eifersüchtig?

9. Was kann er*sie besonders gut?

10. Welches ist sein*ihr größter Wunsch für euch beide?

99 Challenges, ihr habt es geschafft!
Wer nimmt „das Beste kommt zum Schluss" wörtlich
und gewinnt diese letzte Challenge?

_____

GEWINNER*IN   **DATUM**

SCOREBOARD

Seid mal ehrlich ... Gewinnen macht doch am meisten Spaß, oder? Hier tragt ihr eure Siege ein. Wer die meisten Battlepunkte gesammelt hat, ist Gesamtsieger*in!

☐ = _____

◯ = _____

#1 ☐ ◯ DATUM	#26 ☐ ◯ DATUM
#2 ☐ ◯ DATUM	#27 ☐ ◯ DATUM
#3 ☐ ◯ DATUM	#28 ☐ ◯ DATUM
#4 ☐ ◯ DATUM	#29 ☐ ◯ DATUM
#5 ☐ ◯ DATUM	#30 ☐ ◯ DATUM
#6 ☐ ◯ DATUM	#31 ☐ ◯ DATUM
#7 ☐ ◯ DATUM	#32 ☐ ◯ DATUM
#8 ☐ ◯ DATUM	#33 ☐ ◯ DATUM
#9 ☐ ◯ DATUM	#34 ☐ ◯ DATUM
#10 ☐ ◯ DATUM	#35 ☐ ◯ DATUM
#11 ☐ ◯ DATUM	#36 ☐ ◯ DATUM
#12 ☐ ◯ DATUM	#37 ☐ ◯ DATUM
#13 ☐ ◯ DATUM	#38 ☐ ◯ DATUM
#14 ☐ ◯ DATUM	#39 ☐ ◯ DATUM
#15 ☐ ◯ DATUM	#40 ☐ ◯ DATUM
#16 ☐ ◯ DATUM	#41 ☐ ◯ DATUM
#17 ☐ ◯ DATUM	#42 ☐ ◯ DATUM
#18 ☐ ◯ DATUM	#43 ☐ ◯ DATUM
#19 ☐ ◯ DATUM	#44 ☐ ◯ DATUM
#20 ☐ ◯ DATUM	#45 ☐ ◯ DATUM
#21 ☐ ◯ DATUM	#46 ☐ ◯ DATUM
#22 ☐ ◯ DATUM	#47 ☐ ◯ DATUM
#23 ☐ ◯ DATUM	#48 ☐ ◯ DATUM
#24 ☐ ◯ DATUM	#49 ☐ ◯ DATUM
#25 ☐ ◯ DATUM	#50 ☐ ◯ DATUM

EYE ON THE PRIZE!

#51 ☐ ◯ DATUM	#76 ☐ ◯ DATUM
#52 ☐ ◯ DATUM	#77 ☐ ◯ DATUM
#53 ☐ ◯ DATUM	#78 ☐ ◯ DATUM
#54 ☐ ◯ DATUM	#79 ☐ ◯ DATUM
#55 ☐ ◯ DATUM	#80 ☐ ◯ DATUM
#56 ☐ ◯ DATUM	#81 ☐ ◯ DATUM
#57 ☐ ◯ DATUM	#82 ☐ ◯ DATUM
#58 ☐ ◯ DATUM	#83 ☐ ◯ DATUM
#59 ☐ ◯ DATUM	#84 ☐ ◯ DATUM
#60 ☐ ◯ DATUM	#85 ☐ ◯ DATUM
#61 ☐ ◯ DATUM	#86 ☐ ◯ DATUM
#62 ☐ ◯ DATUM	#87 ☐ ◯ DATUM
#63 ☐ ◯ DATUM	#88 ☐ ◯ DATUM
#64 ☐ ◯ DATUM	#89 ☐ ◯ DATUM
#65 ☐ ◯ DATUM	#90 ☐ ◯ DATUM
#66 ☐ ◯ DATUM	#91 ☐ ◯ DATUM
#67 ☐ ◯ DATUM	#92 ☐ ◯ DATUM
#68 ☐ ◯ DATUM	#93 ☐ ◯ DATUM
#69 ☐ ◯ DATUM	#94 ☐ ◯ DATUM
#70 ☐ ◯ DATUM	#95 ☐ ◯ DATUM
#71 ☐ ◯ DATUM	#96 ☐ ◯ DATUM
#72 ☐ ◯ DATUM	#97 ☐ ◯ DATUM
#73 ☐ ◯ DATUM	#98 ☐ ◯ DATUM
#74 ☐ ◯ DATUM	#99 ☐ ◯ DATUM
#75 ☐ ◯ DATUM	WE HAVE A WINNER!

....

ABER DER SCHÖNSTE PREIS, DAS BIST DU!

WIR SIND ALLE GEWINNER*INNEN!